... und plötzlich Unternehmer!

Raymond Vogt

© 2017 Raymond Vogt

Herstellung und Verlag: BoD – Books on Demand, Norderstedt.

ISBN: 9783746030517

Dieses Buch ist auch als E-Book erhältlich.

Vorwort

Dieses Buch soll DICH treffen.
Du bist jahrelang ein Angestellter gewesen.
Und plötzlich Unternehmer ...

Schon immer hast Du davon geträumt, endlich
Geschäftsführer zu sein.
Endlich die besseren Entscheidungen zu treffen.
Die Mitarbeiter endlich richtig zu behandeln.
... und endlich richtiges Geld zu verdienen!

Schalte um.
Du wirst nicht der gleiche Mensch sein wie vorher.
Du wirst andere Freunde haben. Freunde mit anderen
Motivationen als bisher.
Du wirst erfolgreich sein.
Wenn Du ein paar Dinge vom ersten Tag an anders machst
als jemals zuvor in Deinem Leben. Wenn Du Gedanken und
Handlungsweisen zulässt, die Du Dir nie vorstellen konntest.
Dann wirst Du nicht die gleichen Fehler machen.
Und Du wirst erfolgreich sein.

Dieses Buch erzählt nicht von den tausend technischen und
administrativen Dingen, die Du in tausend anderen Büchern
lesen kannst, sondern von der Seite, über die kein Berater
gerne spricht. Es wird Dich hier und da den Kopf schütteln
lassen.
Selbstverständlich bist Du der tollste und beste. Keiner wird
Dir sagen, wie Du Dich persönlich ändern musst oder welche
emotionalen und persönlichen Defizite Deinen Erfolg
verhindern werden.

Dieses Buch ist auch keine Aneinander-Reihung von Erfolgs-geschichten. Selbstbeweihräucherungen und Besserwisser gibt es unendlich auf dem Markt.

Nein, dieses Buch hebt den Finger, erzählt von Gefahren und gibt viele Beispiele der Anfänger-Fehler.

Ich hoffe, dass Dich dieses Buch stärker und wachsamer macht. Du wirst Dich oft wiederfinden ... wenn Du ehrlich zu Dir selbst bist.

Und genau das ist der Schlüssel.

Dieses Buch kann die einzelnen Themen nur anreißen und soll zum Nachdenken anregen.

Viel Spaß!

Raymond Vogt

1957 in Kanada als Sohn deutscher Eltern geboren, durchlebte der Autor alle Stationen eines Angestellten-Daseins: vom Fahrradmonteur bis zum Bereichsleiter in einem deutschen Konzern. Nach einem MBO (management-buyout) änderte sich sein Leben vollständig und in jeder Facette. Trotz vieler Berater wie Wirtschaftsprüfer, Rechtsanwälte, Unternehmer-Freunde, hochklassiger Management-Trainer, Unternehmenspsychologen und Kommunikationsprofis: es gibt Dinge, die man in keinem Buch lesen kann, die einem keiner vermittelt und die doch dermaßen entscheidend sind ...

... auf dem Weg vom Angestellten zum Unternehmer.

Das „Früher"

Lebensmaxime

Geboren um zu leben, oder?
Hat Dir irgend jemand nach Deiner Geburt erzählt, was auf
Dich zukommt? Hättest Du mit dem Wissen alles genauso
gemacht? Sicherlich nicht!

In jeder Phase Deines Lebens hast Du Hoffnungen und Ziele
gehabt.
Essen und Trinken als Säugling. Ein Kuscheltier als Du
greifen und krabbeln konntest. Die Süßigkeiten oder Spielsa-
chen als Du laufen und sprechen konntest.
Immer wolltest Du irgend etwas haben, oder?
Irgendwann kamen moralische und soziale Ziele hinzu.
Du wolltest Blumen wachsen lassen, Tiere sollten sich wohl
fühlen, Deine Familie sollte Dich lieben und Deine Freunde
dich mögen, mit Dir spielen, reden, Musik hören und mit Dir
sein.
Das eine oder andere entwickelte sich stärker als die übrigen
Dinge. Du wurdest von Eltern und Erlebnissen, Freunden
und der Liebe (oder der fehlenden) geprägt.

Was sind Deine Lebensmaxime?

Als Kind, Jugendliche/r und erwachsener Angestellter bist Du
auf den sozialen Erfolg ausgerichtet. Das können Geliebte,
Freunde, Familie, Kinder, Tiere oder Gemeinschaften sein.
Überwiegend machen die Menschen die Erfahrung, dass die
Freude und der Erfolg aus dem privaten Umfeld kommen.
Deswegen wird genau dies entwickelt und stetig gepflegt und
verbessert.

Du freust Dich auf den Abend mit Freunden, das Kuscheln und den Sex mit der Freundin, dem Freund oder dem Ehepartner, Das Bier oder den Wein in Deinem Lieblingsrestaurant, Dein Hobby oder das Spielen mit deinen Kindern. Hier erfährst Du Bestätigung, Befriedigung und Freude.
Das ist Deine oberste Lebensmaxime.
Und das ist gut so!

Die zweite Maxime ist Dein beruflicher Erfolg. Ja, ja, ... Du bist ehrgeizig und gibst alles. Immer ein wenig mehr Überstunden als die Kollegen. Immer vorne an, wenn es die Sonderaufgaben gibt. Immer die Ideen beisteuern und den „Coach" im Unternehmen suchen, der Dich fördert. Darauf komme ich noch später zurück, denn der ist enorm wichtig!
Dein Chef sieht jedoch nicht Dein soziales Umfeld als DEINE Lebensmaxime, sondern erwartet, dass Du eigentlich nur zum Schlafen nach Hause fährst. Bitte keine Störungen, die SEINE Ziele gefährden! Denn er kann NICHT ohne Dich – und das weiß er genau. Aber er wird es Dir nie erzählen.
Leider weißt DU es aber nicht ...
Die Lebensmaxime der Firma und Deine unterscheiden sich völlig:
Die Firma will Dich als Teil des Getriebes zu seinem Erfolg.
Du willst Dein monatliches Geld verdienen, ein möglichst angenehmes berufliches und privates Leben haben und ein zufriedenes Renten-Dasein.
Wenn Du diese Maxime hast, lass´ es mit dem Unternehmertum ...

Aber Du bist anders:
Als Du Deinen ersten Job als Angestellter angetreten hattest, hast Du schnell gemerkt, dass Dein nächster Chef eine Pfeife ist. Seine Entscheidungen waren emotional, er trat

nach unten und buckelte nach oben. Seine Ideen waren idiotisch und sein Führungsverhalten demotivierend.

Oder er war gar nicht so schlecht ... und trotzdem hattest Du Ideen und machtest Vorschläge, die er sich anhörte. Du freutest Dich, wenn das eine oder andere angenommen wurde. Und noch mehr, wenn diese zum Erfolg führten!

Du bekamst immer mehr den Eindruck, dass Du der bessere Chef wärst. Und Du hattest Recht! Aber Du warst immer ein guter Angestellter. Deiner Position und Rolle bewusst, hast niemals intrigiert und warst immer ein guter Teamplayer.

Nicht gefährlich, sondern hast Deinen nächsten Chef auf dem Weg zu seinem Erfolg unterstützt.

Weil Du sein Nachfolger werden wolltest.

Das ist der erste und beste Weg, einen „Coach" zu formen.

Aber es ist auch der beste Weg, mit ihm abzustürzen ...

Daran denkst Du aber nicht.

Das ist die erste Lehre auf dem Weg zum Unternehmertum: Ein Unternehmer hat niemals seinen Coach im gleichen Unternehmen. Förderer ja, aber keinen Coach!

Deine Lebensmaxime ist das stetige Hochklettern auf der Karriereleiter. Durch Leistung, Loyalität und Erfolge. Durch das Blicken über den Tellerrand.

DAS wird von einem aufstrebenden Angestellten erwartet.

Also tue es!

Egal, was die Kollegen sagen, die auch Freunde sind, sein wollen und die Du auch so sehen willst: Mache DEIN Ding.

Wo willst Du hin?

Ich war vier Jahre beim Militär. Keine besonderen Karrierechancen als Zeitsoldat. Aber auch dort kann man erfolgreich in seinem Job sein.

Später, nach Studium, Nebenjobs und in den ersten Angestellten-Jobs, erkannte ich schnell, dass ich nur mit dieser oben genannten Leistung, der Loyalität und dem „Besonderen" an Kreativität die Achtung und die Erfolge erhalten konnte.

Ich habe mir in meinem ganzen Leben als Angestellter nach den nächsten Verantwortungen gestrebt. Immer loyal und zum Wohle des Unternehmens und WICHTIG: niemals gegen den Vorgesetzten!

Obwohl ... das ist in einem Falle gelogen ... aber davon später ...

Je höher Deine Position ist, desto höher auch die Qualität Deines Chefs. Es gibt immer weniger auszusetzen. Die Ideen werden kreativer, ausgefeilter, die Verbindung zum Chef tiefer und wichtiger. Für die Firma, für Deinen Chef, ... und für Dich!

Es geht jetzt nicht mehr nur darum besser als Dein Chef zu sein, sondern um Deine eigene, persönliche Kreativität. Du willst die Firma, den Vorstand überraschen.

Das ist ein Problem:

Gute Ideen von Untergebenen – und vor allem für das Unternehmen entscheidende – werden ungern von diesen angenommen. Der Vorstand, die Geschäftsleitung oder Direktoren wollen diese Ideen haben und präsentieren.

Die Lösung hierzu später, denn dies ist sehr wichtig.

Du hattest schon früh den Gedanken, Geschäftsführer zu werden. Vielleicht warst Du ein Träumer, weil Dich dies motiviert hat. Eigenmotivation und unerschütterliches positives Denken.

Ist Deine Lebensmaxime die unbedingte Karriere, bist Du hier genau richtig.

Lebenserfahrung

Du bist von vielen Dingen geprägt: Elterliche Erziehung, Erlebnisse, Freunde, soziales Umfeld. Du kannst Dich diesen Dingen nur sehr schwer entziehen. Die Prägungen entscheiden über Deinen Erfolg im Leben. Ich war immer ein unerschütterlicher Optimist und Chancen-Denker. Aber auch dazu wurde ich durch externe Einflüsse geprägt.

Zum Verständnis:
Ich bin 1957 in Montreal/Kanada geboren. Meine Eltern waren in den fünfziger Jahren von Hamburg dorthin ausgewandert. Mein Vater war ein unglaublicher Lebens-Optimist, immer fröhlich und hatte viele Freunde. Ich habe ihn über alles geliebt. Aber er war nur selten zuhause.
Meine Mutter hatte mich versorgt. Mehr nicht. An Muttergefühle kann ich mich nicht erinnern. Vielleicht lag es an mir. Ich glaube eher nicht.
Wir mussten alle sechs Monate umziehen, weil wir die Miete nie bezahlen konnten. Immer neue Freunde, neues Umfeld, neue Schule.
Ich wurde geprägt, immer neue Menschen kennenzulernen und war von Anfang an trainiert, mich positiv, angenehm und vertrauenswürdig aufzustellen, damit ich schnellstmöglich ein gutes, soziales Umfeld aufbauen konnte. Ja, das kann man auch schon im Vorschulalter.

Nachdem meine Eltern wieder nach Deutschland kamen, ging das stetige Umziehen fast genauso weiter.
Deren Ehe ging zu Bruch. Filmreif. Wie bei so vielen.
Heiligabend 1974. Ich war 17 Jahre alt. Meine Eltern stritten sich wie immer. Heftig. Laut.
Ich zog mich in mein Zimmer zurück und fragte mich, wie es

überhaupt weitergehen konnte. Man hat sehr komische Gedanken, wenn man in seiner Existenz verzweifelt ist.

Es war der Heilige Abend.

Meine Freundin kam herein. Völlig unerwartet. Sie hatte einfach ein Gefühl und war zu mir gefahren. Sie sagte mir einen Satz, der mich bis heute prägte:

„Du musst Dich entscheiden: entweder zu gibst Dich jetzt auf und hast alles hinter Dir oder zu bist positiv und optimistisch. In jeder Phase Deines Lebens. Ich sehe dich positiv und liebe Dich". Dann umarmte sie mich.

Ich entschied mich das erste Mal bewusst und klar: ich werde ein positiver Kämpfer – egal was kommt.

Wichtigste Prägung in dieser Zeit: meine Eltern sind absolute Looser – **ich nicht**!

Fälle eine bewusste Entscheidung!

Bauchgefühl

Manche Menschen sind kritisch. Schon von Kindheit an. Das ist ein Teil der Überlebenskunst, des Selbstschutzes. Aber nur ein Teil.

Du hast ein sehr gutes Bauchgefühl. Es zeigt sich Dir immer wieder. Du freust Dich, dass Du Dir gegenüber immer wieder Recht hast, indem sich die Dinge so entwickeln, wie Du es „gefühlt" hast.
Du weißt nicht warum, aber Du kannst Menschen sehr schnell einschätzen. In ehrlich oder falsch, schüchtern oder stark, angenehm oder unangenehm.
Du nimmst alle Charaktere sofort an. Du „arbeitest" mit diesen. Ganz intuitiv und instinktiv. Du weißt überhaupt nicht warum, aber es gelingt Dir auf Anhieb, einen Draht zu den Menschen zu finden. Das ist Dir wichtig.
Du erfährst Dinge von Deinem Gegenüber, die er noch nie jemandem erzählt hat. Du bist der beste Freund/ die beste Freundin, Du bist immer Vertraute/r. Du lädst Dir Geheimnisse und Lasten auf Deine Schultern und wirst geliebt. Darin fühlst Du Dich wohl. Du genießt das soziale Ansehen und die Vertrautheit.

Wenn Deine Seele sich hiervon ernährt, lass´ es mit dem Unternehmertum.

Oder ändere diesbezüglich komplett Deine Maxime! Ich sage Dir später, wie.

Vertrauen – Misstrauen – Augenhöhe

Du vertraust Freunden. Das muss man auch können und
sich leisten.
Du vertraust neuen Bekannten. So als „Vorschuss". Als Test.
Das ist völlig ob – aber Du bist vorsichtig. Gut so.
Entgegengebrachtes Vertrauen fühlt sich gut an. Als ordentlicher Mensch gehst Du damit auch vollkommen vertrauenswürdig um.
Ohne Vertrauen zu bestimmten Menschen wirst Du es nicht
schaffen. Egal, ob Du einen Laden eröffnest, ein MBO durch-
führst, ein Unternehmen erwirbst, Beteiligungen als Investor
erwirbst oder auch „nur" Geschäftsführer wirst: Du wirst
immer irgendwelchen Menschen vertrauen müssen. Eine gewisse Übung macht also Sinn!

Vertraust Du erst einmal als grundsätzlicher Vorschuss?
Das kannst du im privaten Umfeld machen. Nicht im beruflichen! Vertrauen muss man sich verdienen. Das gilt nicht nur
für Dich, sondern und vor allem für jeden, der mit Dir zusammen arbeitet. Vergiss das nie!
Vertraust Du erst nachdem Du dieses probiert, getestet hast?
Sehr gut!
Du kommst einem Unternehmertum schon einen Schritt
näher. Aber davon später viel mehr ...

Die Augenhöhe ist ein Schlüssel zum Selbstbewusstsein.
Zum privaten! Und NUR zum privaten!
Als Angestellter fühlst Du Dich immer „unter" dem Chef. Das
gehört sich schließlich ja so und soll Deine Existenz so weit
wie möglich sichern.
Hierzu eine Erfahrung aus meinen vielen Trainings mit Be-
rufsbewerbern an Schulen:

Da meine damalige Ehefrau als sehr gute Lehrerin einen guten Zugang zu Schülern hatte und meine Karriere natürlich interessiert begleitete, ergab sich die Möglichkeit, den 14-17 jährigen Schülern ein Training für Bewerbungen zu Praktika und Ausbildungsstellen zukommen zu lassen. Mir brachte das Arbeiten mit Kindern und Jugendlichen immer viel Spaß und ich hatte als leitender Angestellter und dann Unternehmer ja auch meine hinreichenden Erfahrungen der „anderen Seite".

In der ersten Stunde habe ich immer die Eltern und Lehrer mit eingeladen.

Als Einstieg griff ich immer den Stoff der Lehrkörper mit Bewerbungsschreiben, Anschreiben, Lebensläufe und das Zusammenstellen der Unterlagen auf.

Da ich bis dahin rund 3.000 Bewerbungen im Laufe meiner Zeit erhalten hatte, gab es viel Stoff für lustige und lehrreiche Vorführungen. Bewerbungsschreiben mit über 50 Fehlern auf einer Seite, wahnsinnige Fotos mit tiefen Ausschnitten oder abgerissenen Hosen und irrwitzige Texte waren für alle lustig und hilfreich, es besser zu machen.

Am spannensten waren die Rollenspiele für das Bewerbungsgespräch:

Ich war natürlich „Chef" - ein Schüler der Bewerber.

Schlecht vorbereitet, keine Ahnung von der Firma, in der er sich bewarb und das Publikum tat für die Nervosität das übrige.

In dem Moment, in dem der Schüler den imaginären Raum mit hochrotem Kopf, schweißnassen Händen und zitternden Knien betrat, unterbrach ich das Spiel und wand mich an die Eltern und Lehrer.

„Was habt Ihr Euren Kindern für diese Situation geraten?"

Es kam IMMER und ZUVERLÄSSIG die gleiche Antwort:

„Stelle Dir den Chef in Unterhosen vor!"

WIE FURCHTBAR!
Will ich einen Chef in Unterhosen sehen?
Soll ich durch solche ekelhaften Bilder abgelenkt sein?
Soll ich von vornherein meinen Respekt zu einem möglichen
Chef verlieren?

Mein Chef wird mich einstellen und mich feuern, mich klein
halten und mich fördern, mich frustrieren und mich motivieren. Alles liegt mindestens zu 80 % an MIR.

Augenhöhe wird nicht dadurch hergestellt, in dem ich meinen
Chef lächerlich mache, ihn mir lächerlich vorstelle oder mich
über ihn stellen will. Auch würde ich keine Augenhöhe her-
stellen, wenn ich ihm in der Sauna begegne.
Augenhöhe habe ich zu einem Kollegen oder zu einem
Freund. Niemals zu einem Chef!
Vergiss das nie, denn DU willst Chef werden!
In dem Moment, in dem Du vollständige Augenhöhe zu
einem Mitarbeiter herstellst oder ihn über Dich selbst hebst,
wirst Du verlieren. Denn dann bist Du nicht mehr Chef.

Was soll Augenhöhe also bewirken? „Augenhöhe" ist der falsche Ausdruck: Es geht um RESPEKT!
Und hier unterscheiden sich die Geister:
Ich muss Respekt vor meinem Chef in beruflichen Angele-
genheiten haben. Nicht persönlich.
Wenn ich selbst Chef bin, muss ich mir den Respekt verdienen! Das, mein lieber, zukünftiger Unternehmer-Freund, ist
ein harter Weg. Das schaffst Du!

Ich erzähle Dir nachher, wie einfach das ist.

Live – work – balance

Was für ein moderner Mist!
Wie soll ich eine Balance zwischen Beruf und Familie und
Sozialem herstellen, wenn ich die Karriere-Leiter hoch will,
60-80 Stunden die Woche arbeite und einfach keine Zeit
habe?
Wie kann ich den Wust von Daten in meinem Kopf abschal-
ten, wenn ich nach Hause komme?

Wieso – verdammt noch mal – haben meine Freunde die
volle Ehre, wenn sie total erschöpft von deren Einsatz sind?
Wieso nickt jeder anerkennend, wenn ein 40-jähriger den
ersten Herzinfarkt bekommt und dann Ruhm und Ehre
erhält?
Wieso ist ein Burnout-Patient, der „aufgeben" und „Patient"
geworden ist, der nach der Therapie häkelt und Tauben
züchtet, ein Versager und Kneifer?

Sind wir alle bescheuert?
Jepp ... Sind wir ...

Meine Erfahrung in vielen Unternehmen in meinem Leben als
Angestellter, Unternehmensberater und Unternehmer haben
mir eines deutlich gezeigt:
Mehr als 50 echte Arbeitsstunden in der Woche sind ein
Beweis der völligen Unfähigkeit zur Organisation, Delegation
und optimalen Leistung. Egal in welcher Branche, in welchem Job und welchem Land dieser Erde.
Ich habe beruflich mit vielen Anwälten zu tun gehabt, die
mehr als 80 Stunde die Woche gearbeitet haben. Die besten
unter ihnen jedoch niemals mehr als 50!
Ich kenne Ärzte, die 30 Stunden eine OP nach der anderen

ausführten. Die gesündesten 50-jährigen Ärzte haben dies aber nie getan.

Wie schaffe ich es also, meine Kraft und Energie, meine Motivation und meinen Optimismus aufrecht zu erhalten? Wie schaffe ich es, auf meiner Karriereleiter ALLEN gerecht zu werden?
Ich habe es nicht geschafft. Aber ich weiß, welche Fehler ich gemacht habe

Du kennst das: in der Firma hast Du Förderer und Widersacher. Zuhause hast Du zärtliche und nörgelnde Partner. Freunde freuen sich über Dich und werfen Dir vor, Dich immer seltener blicken zu lassen.
Es kann nur der goldene Mittelweg sein:
Als erstes finde heraus, welche Erwartungen an Dich gestellt werden.
Dann finde heraus, welche Erwartungen Du an Dein gesamtes Umfeld hast.
Schreibe das alles JETZT auf und packe das in eine Matrix.
Bewerte das mit täglichen und wöchentlichen Zeitaufwänden, mit Prioritäten beider Seiten.

Das Ergebnis wird wie folgt sein:
Im Privaten kannst Du die Erwartungen an Dich maximal nur noch zu 50 % umsetzen – mit Kindern noch weniger.
Zeitlich sogar nur noch zu 30 % - mit der Erhöhung der Karriere weniger.
Beruflich erfüllst Du die Erwartungen an Dich maximal zu 80 %.

Merkst Du was?
Als Karriere-Mensch befriedigst Du den Beruf mehr als Deine

Familie. Das Ergebnis ist - vereinfacht dargestellt - klar: Dein/e Partner/in kümmert sich um die Kinder – Du um die Karriere.

Die Interessen der einzelnen Familienmitglieder entwickeln sich jeweils auf immer weiter entfernten Linie zueinander. Und auf jeden Fall immer weiter von Deiner entfernt.

Die Kinder werden größer, Du hast mit der Erziehung immer weniger zu tun und gemeinsame Hobbys mit dem Ehepartner sind nahezu völlig zum Erliegen gekommen. Die Kinder gehen aus dem Haus. Und wo ist Deine Ehe jetzt?

Als Supervision betrachtet: weit von einander entfernt.

Ergebnis: über 50 % der Ehen werden in Deutschland geschieden.

Nicht der oder die Geliebte ist die Ursache, sondern der Frust, die „totale emotionale Vernachlässigung" auf mindestens einer der beiden Seiten und die Sehnsucht nach der „damaligen, aufregenden Liebe", die nicht mehr erfüllt werden kann, führt zum Ausbruch aus der Ehe.

Ist es das Wert? Sicherlich nicht!

Wenn also die erwartete Zeit nicht erfüllt werden kann, müssen wir dies durch die Qualität und Priorität ausgleichen: Meine Kinder berichteten mir später, dass ich zwar nicht viel Zeit für sie hatte, aber in der wenigen Zeit haben wir häufig sehr intensiv kommuniziert, gespielt, Hobbys ausgeübt und waren „eigentlich" eine tolle Familie. So ist ihre Wahrnehmung und ich bin glücklich darüber. Und trotzdem ist die Ehe aus dem obigen Grunde zerbrochen. Und so ideal wie ich es empfunden habe war es natürlich doch nicht.

Wie schalten wir unsere Gedanken von Beruf auf soziales Umfeld um?

Wichtige Erkenntnis: es muss nicht immer umgeschaltet

werden!

Es ist für die Ehepartner und die Familie sehr wichtig, die Belastungen des Berufes zu spüren, von diesen auch inhaltlich zu erfahren und mir diese Emotionen „abzusaugen".

Ich habe mir nach der ersten, gescheiterten Ehe und beim Aufbau meiner zweiten Karriere schöne Dinge als Gedankenwelt zurecht gelegt, die ich auf dem Heimweg durchgespielt habe. Das ist eine Form der Selbstsuggestion, der eigenen Programmierung, die gut funktioniert.

Hierzu gibt es unterschiedliche Zielsetzungen:

Als erstes muss ich wissen, was ICH mit der Familie, dem Ehepartner heute machen will und/oder was DENEN Spaß mit mir machen würde. Diese Gedanken muss ich mir in dem zeitlichen Raum zwischen Arbeit und Zuhause möglichst positiv zurecht legen und mich so auf diese Dinge freuen. Mein Zugangskanal zur den Erwartungshaltungen wird auf diese Weise nicht erzwungener Maßen geöffnet, sondern mit eigener Motivation und Freude. Wenn ich mich erst an der Haustür überfallen lasse, kann ich mich nicht – oder nur schwer – auf ein Spiel oder einen Konzertabend freuen. Klar.

Der Abend wird also positiv und – das ist das Geheimnis – nicht unbedingt unendlich lang und auf die gesamte Dauer für alle Beteiligten frustrierend!

Wenn ich dies aus beruflichen Gründen heute NICHT kann, so ist das sicherlich nicht erst auf dem Heimweg erkenntlich, sondern kann frühzeitig der Familie mitgeteilt werden.

Früh sprechen – kein Frust.

Aber Deine Familie bestens versorgen zu können, ist schon ein tolles Gefühl.

„Du Unternehmer"

Lebensmaxime
Warum ist ein Unternehmer ein Unternehmer? Es ist sehr wichtig, die unterschiedlichen Typen zu kennen und sich selbst zuzuordnen. Ich habe verschiedene Motivationen kennen gelernt:

Der Machtmensch
Diese häufigste Spezies ist die erfolgreichste. Quantitativ betrachtet.
Auf der vorherigen Karriereleiter war er der Ellenbogen-Kämpfer, brutal, von niemandem geliebt, kaum Freunde – und wenn, die gleichen Typen – und gerne intrigant, lügnerisch, unzuverlässig und ... der erfolgreichste auf dem Weg nach „oben". Allerdings keine Führungskraft.
Später diversifizieren sich diese Menschen in Untergruppen: Der eine wird bei gutem Erfolg ruhiger, gerechter und zuverlässiger.
Bei weniger Erfolg noch schlimmer und unmöglich, mit oder für ihn zu arbeiten. Genau das ist sein Schicksal: ohne gute Mitarbeiter kein erfolgreiches Unternehmen.

Seine Maxime: MACHT über Menschen und Geld. Mit diesem Geld wird er auch im privaten Bereich Macht ausüben. Bei Dienstleistern, Freunden und Familie. Für diesen Typ ist dieses Buch nicht.
Seine Säulen: Macht – Geld – Erfolg

Der Gewinnmaximierer
Von zehntausend vielleicht ein erfolgreicher Unternehmer.
Meist ehemalige Bänker, Betriebswirtschaftler und Anwälte, welche die Idee eines anderen adaptieren, in ein ordentliches

Konzept packen und hervorragend umsetzen. Schneller Aufstieg, meist durchschnittliche Führungsqualitäten und leider auch schnelle Abstiege, da diese Menschen kein produktbezogenes Detailwissen haben und sich zu sehr auf andere verlassen müssen. Hier erfahren diese auch die meisten Enttäuschungen.

Seine Maxime:
Das Erlernte in eine Selbstständigkeit umzusetzen. Es endlich denen, die er beraten hat, zeigen, wie es optimaler, kontrollierter und sicherer laufen kann.
Das Geld ist nicht die Hauptsache, aber ein angenehmer Nebeneffekt.
Für diesen Typ ist das Buch hilfreich.
Seine Säulen: Geld – Erfolg

Der Ingenieur
... dem ja nix zu schwör ist ...
Super-Idee, tolles Produktionskonzept, oftmals gute betriebswirtschaftliche Berechnungen. Meistens ein hervorragender Team-Arbeiter, nette – aber unfähige – Führungskraft und schafft ein tolles Arbeitsumfeld. Leider sehr anfällig für schlechte Berater, Abzocker und sehr gute Chancen, schnell mit großen Schulden abzustürzen.

Seine Maxime:
Endlich seine technische Idee nach seinem Konzept PERFEKT umsetzen. Ein perfektes Produkt mit Freude und Erfolg auf den Markt bringen. Geld? Ach ja ... braucht man auch und huch ... könnte man ja auch verdienen ...
Für diesen Typ ist dieses Buch SEHR hilfreich.
Seine Säulen: Erfolg – Spaß

Der Zufallstyp

Meistens der ehemalige Angestellte, der die Abteilung, die Firma, den Bereich sein vielen Jahren mit aufgebaut hat. Die Firma wird jetzt zerlegt, verkauft, kann nicht vererbt werden und nun ...

Meistens ist der Zufallstyp nicht allein, sondern andere Kollegen möchten gerne auch Gesellschafter, Geschäftsführer etc. sein, werden ... VORSICHT!

Seine Maxime:
Endlich eine/die Firma so führen und entwickeln, wie ich mir das immer vorgestellt habe!
Alles wird toll und schön! Die alten Mitarbeiter werden sich die Platze freuen und ich werde reich! Ich werde bewundert und ich werde Gutes tun.
Für diesen Typ ist dieses Buch IDEAL.
Seine Säulen: Erfolg – Geld – Macht

Ich denke, Du gehörst wahrscheinlich zu dieser Kategorie, oder?

Dann kommt jetzt für Dich hoffentlich ganz viel, was Dir auf Deinem Weg helfen wird!

Bauchgefühl

Als Angestellter hattest Du ein gutes Bauchgefühl, auf dass Du Dich verlassen konntest? Du hattest eine gute Menschenkenntnis, die Dich vor den doofen bewahrt hat? ERHALTE ES DIR!

Dieses Kapitel ist das wichtigste dieses Buches.

Ich hatte nach meinem Studium in vier Firmen gearbeitet. Schließlich fand ich ein Unternehmen, welches eine neue Abteilung aufbaute und mich als Assistenten wollte.
17 Jahre wühlte ich mich unter einem sehr cholerischen Chef vom kleinen Assistenten über Verkäufer, Verkaufsleiter, Abteilungsleiter zum Bereichsleiter hoch. Dann wurde der Konzern an einen französischen Weltkonzern verkauft, der meinen Bereich nicht wollte. Er sollte geschlossen werden.
Ich weiß noch, wie ich im Hardrock-Cafe in Kopenhagen mit meinen Segler-Freunden saß und die Nachricht per Handy bekam. Mein Freund sagte darauf hin zu mir: „dann kauf´ doch den Scheiß-Laden ...!". Gute Idee ...
Ich hatte bis dato viele Mitarbeiter meines Bereiches selbst eingestellt, kannte jeden persönlich, war bei einigen sogar Trauzeuge, Taufpate, Freund und auf jeden Fall KOLLEGE. Das Vertrauen war allseits Top! Freundschaft und angenehmes Arbeiten, wie man es sich nur wünschen kann.

Am 1.9.2003 startete meine Firma nach erfolgreichem MBO (Management-Buy-Out = Unternehmensübernahme durch das Management).
An diesem Morgen traf mich der erste Schlag:
Ich kam morgens ins Büro. Alle Mitarbeiter arbeiteten mit höchstem Einsatz an den erforderlichen Datenübernahmen

ins neue System, arbeiteten die „gebunkerten" Aufträge ab und alles war eigentlich herrlich.
Ich setzte mich in meinen Sessel und genoss das Gefühl.
Elf Monate Verhandlung gegen die Franzosen (Höchststrafe!), Kaufpreiszahlung sicher geplant, Banken organisiert, Working Capital aus dem Anlagevermögen ausreichend erstellt, Leasingverträge unterschrieben, Eröffnungsbilanz prima, Finanzamt geregelt, rechtlich alles gut, Gehälter und Aufträge gesichert, Kunden informiert und gesichert ...
jetzt bin ich Unternehmer!
Aber von den Mitarbeitern, meinen Freunden und Kollegen ... keine Reaktion! Kein Glückwunsch, keine Emotion, nichts ...

Warum? In der Folgezeit erhielt ich Stück für Stück die Begründungen – es waren mehrere:

Du kannst noch so tolle Kollegen haben – wenn Du Geschäftsführer oder / und Inhaber wirst, bist Du nicht mehr Kollege. Dann bist Du nur noch „der Chef".
Dann bist Du derjenige, der sie feuern kann. Und das, mein Freund, zerstört jede kollegiale Freundschaft. Es zerstört das Vertrauen, welches man in Dir hatte. Vorher hast Du sie beschützt. Jetzt bist Du plötzlich „da oben".
Du bist plötzlich Unternehmer!

Unternehmer haben in Deutschland – und vor allem in Deutschland – eine merkwürdig negative Aura. Einen unerschütterlich schlechten Ruf.
Es sind Menschen, die Geld verdienen wollen, die mehr Geld wollen als man selber je verdienen kann. Sie wollen dicke Autos, fette Jachten, pompöse Villen haben, auf Feiern mit der Kohle um sich werfen, teuren Schmuck und beste Kleidung tragen. Sie sind angeberisch, laut und weit entfernt vom

„Pack", dass sich krumm buckelt und eigentlich sind das fette Geld doch wirklich verdient.

Das „Pack" will eigentlich, dass der Chef, der Unternehmer höchstens vielleicht 30 % mehr als der normale Angestellte verdient. Alles andere ist unfair!

Die Freunde sticheln bei jeder Runde, die man mal ausgibt oder einem Essen, welches man zuhause veranstaltet, dass „man sich das ja jetzt schließlich leisten kann – es hätte ruhig etwas mehr sein können...".

In anderen Ländern – eigentlich allen Industrie-Staaten ist das anders: Man kommt mit einem neuen, größeren Auto nach Hause und die Nachbarn applaudieren, weil man offensichtlich guten, beruflichen Erfolg hat. In Deutschland undenkbar. In Deutschland wird einem ALLES geneidet. Leider muss sich deswegen ein Unternehmer in Deutschland auch komplett umorientieren.

ABER: das sollte Dir vollkommen egal sein! Wenn Dir Leute Deinen Erfolg neiden, dann vergesse sie! Das sind weder gute Freunde (die würden sich für Dich freuen), noch werden sie Dich in schlechten Zeiten oder bei Problemen unterstützen. Lasse es zu, dass sich Dein Freundeskreis ändert!

Ich erfuhr von den wenigen, verbliebenen Vertrauten von folgenden Gerüchten:
- Ich hätte eine riesige Villa im Vorort von Hamburg.
- Ich hätte eine Superyacht gekauft
- Ich hätte mehrere Millionen Euros auf dem Konto

Kein Ahnung, woher diese Gerüchte kamen, aber es ist für die Deutsche Mentalität typisch.

Tatsächlich hatte ich:

- das gleiche mittelgroße Haus im Vorort von Hamburg wie seit 17 Jahren. Zur Hälfte abbezahlt.

- Das gleiche kleine, 20 Jahre alte Segelboot wie vorher

- Persönliche Haftungen in Höhe von € 2,1 Millionen unterschrieben

- € 100.000 Darlehen für die Gesellschaftereinlage aufgenommen

- am Tage des MBO genau € 1.100,-- auf dem Konto

Ich war enttäuscht:
Ich hatte einen wesentlichen Teil des Unternehmenserfolges auf die unbedingte und ja schließlich erfahrene CI (Corporate Identity) meiner Mitarbeiter gesetzt. Das Unternehmen ist umso erfolgreicher, desto engagierter alle Mitarbeiter sind! Und jetzt erfahre ich nichts mehr, was mich vorher so schnell und zielstrebig Lösungen schaffen ließ? Mist!

JETZT, mein lieber Freund, verlor ich mein Bauchgefühl!

Es ist richtig, dass ein Geschäftsführer, Unternehmer kein Freund und Vertrauter eines Mitarbeiters mehr ist und sein KANN (mit sehr wenigen Ausnahmen).
Und das ist gut so.
Leider sagt einem das niemand vorher. Kein Berater, kein Wirtschaftsprüfer, kein Finanzpartner, kein Freund und kein Anwalt. Sonst könnte man sich ja auch prima vorbereiten und entsprechend in seinem Führungsverhalten umschalten.
Aber über so etwas spricht man offensichtlich nicht.
Deswegen habe ich dieses Buch geschrieben.

Gehe also ganz sicher von folgenden Gegebenheiten aus, wenn Du am Morgen des ersten Tages Deiner Firmenübernahme ins Büro kommst:

- Du bist nicht mehr Freund und Vertrauter irgend eines Mitarbeiters – egal auf welcher Stufe dieser steht. EGAL, ob er Dir dies beteuert und versucht zu beweisen.

- Viele werden sich ein falsches Bild von Dir und Deinen Verhältnissen machen.

- Die Gerüchte über Dich beginnen mit dem heutigen Tage in jeder Facette, die Du Dir auch nur vorstellen kannst. Faktor Neid ist auf Maximum.

- Du wirst nahezu nichts mehr über die Vorgänge in Deiner Firma erfahren, wenn Du nicht danach fragst – und auch dann ziehe mindestens 50 % als Übertreibung, Untertreibung, Intrige, Missgunst oder Selbstdarstellung ab.

Du meinst, ich übertreibe? Definitiv nicht!
Vielleicht sind es doch nur wenige, aber die sind pures Gift für den Teamgeist Deiner Firma.
In einem späteren Kapitel kommen wir auf die üblichen und notwendigen betriebswirtschaftlichen Vorbereitungen einer Unternehmensgründung, -abspaltung eines Kaufes oder eines MBO. Auch dort wirst Du Dinge erfahren, die weder Wirtschaftsprüfer, Vertraute noch Anwälte und Unternehmensberater erzählen.
Ich setze jetzt einfach einmal voraus, dass Dein Unternehmen finanziell und operativ am Tag des Starts optimal vorbereitet ist.

Du wirst also am ersten Tag folgendes tun:

1. Prüfen, ob die Controlling-Maßnahmen funktionieren: Produktionskennzahlenerfassung, Buchhaltungsabläufe, Belegverläufe, Informationsfunktionen, Arbeitsanweisungen (weiß jeder wirklich, was er zu tun hat?). Am ersten Tag! Unbedingt!

2. Jeden Mitarbeiter persönlich im neuen Unternehmen symbolisch begrüßen. Mit Handschlag, persönlichen Worten, Deinen Erwartungen und Deinen Zielen an SEINEN Job!

3. Eine Betriebsversammlung, in der Du DEINE Ziele vorstellst (vorher geht so etwas meistens nicht), ein MOTTO der Firma ausgibst (WICHTIG!) und klarstellst, dass dieses Unternehmen Geld verdienen muss um zu überleben. Benutze nicht das Wort „Erfolg" ... niemals! Dieses Wort ist in Deutschland negativ besetzt.

4. Gehe als letzter aus der Firma (Schichten ausgenommen – aber auf keinen Fall vor 20:00 Uhr). Komme morgen früh als erster.
Du wirst in dem gesamten ersten Jahr als erster kommen und als letzter gehen. (Dienstreisen möglichst vermeiden – lasse die Partner zu DIR kommen)

Dein Bauchgefühl ist ja seit dem ersten Tag der Firmenübernahme oder -gründung weg, weil Du einen neuen, übermächtigen Fokus hast: Erfolg, Geld und Macht.
Noch einmal an dieser Stelle eingeschoben:
wenn dies nicht Deine drei Säulen sind, vergiss es mit dem Unternehmertum!
Du hast so lange für diesen Zeitpunkt als Angestellter gear-

beitet. Du hast gestritten, gebuckelt, gekämpft, Dich unglaublich angestrengt. Du hast versucht, den Tausenden von Beratern zuzuhören, auszuwerten, Deine Ängste und Wünsche zu ordnen. Hast Businesspläne geschrieben, mit Banken und Leasinggesellschaften verhandelt, Organisationspläne geschrieben und Mitarbeiter motiviert. Meetings ohne Ende und Gespräche mit jedem ...

Und alles war von einem Gedanken getragen; wir werden es schaffen und ich werde erfolgreich sein. Ich werde mir keine Sorgen mehr machen müssen.

Aber auf dem oben beschriebenen Wege hat Dich Dein Bauchgefühl schon lange verlassen. Und jetzt steht Du dumm da ...

Dein Bauchgefühl hätte bei den folgenden Themen bereits komplett versagt:

- Dein Unternehmensberater/Wirtschaftsprüfer hat Dir Businesspläne aufgestellt, die Dir zwar gefielen oder auch nicht, aber Du hättest eigentlich bessere Zahlen gewünscht oder schlechtere aus Vorsicht eingesetzt. Aber wenn es die Profis so für besser halten ...

- Deine Bank hatte Dir – auf Anraten Deiner Berater – eine Kreditlinie zu Konditionen eingeräumt, welche zwar dem Wettbewerb ähneln, aber die persönliche Haftung ... uff ...

- Deine Unternehmer-Freunde haben Dir tausend Ratschläge und Warnungen erteilt. Du hast Dir nur die besten rausgepickt und die Alarme weggewischt ... stimmt´s?

- Einige Mitarbeiter haben sich riesig ins Zeug gelegt und Dir ganz viel Arbeit an Organisation, Datenübernahme, Lieferantenbesprechungen, Personal-Arbeit etc. abgenommen ... tolle Mitarbeiter! Tolles Team! Was meinst Du, warum die das machen? Warum wachsen plötzlich einige über sich hinaus? Weil sie Dich so lieb haben? Blödsinn!

Erzähle mir jetzt nicht, dass Du Dich **nicht** in wenigstens ein paar obigen Dingen wiedergefunden hast ...

Früher hattest Du Zeit. Du konntest jede Situation in Ruhe überdenken und Dir Deine Meinung bilden. Du hattest immer ein Bauchgefühl und auf dieses auch gehört. Das hast Du in der Vorbereitung für Deine Firma bereits vergessen. Und es wird schlimmer.
Wenn Du nicht aufpasst ...

Kommen wir auf die unbedingten Prämissen des ersten Tages zurück:
Wenn Du diese befolgst, wirst Du den ganzen Tag zu tun haben. Es MUSS am ersten Tag vollständig erledigt sein!
Wenn Du mehr als 50 Mitarbeiter hast, plane das sorgfältig und halte den Plan ein. Es darf Dir kein einziger Mitarbeiter durchrutschen. Das wäre fatal!
Auch Mitarbeiter, die zu dem Zeitpunkt im Urlaub oder krank sind, müssen angerufen werden.

Wenn Du alle Controlling-Maßnahmen gecheckt hast, bekommst Du ein gutes Gefühl, dass die Organisation funktioniert und kontrolliert wird. Durch diesen Check und die persönlichen Gespräche werden alle Mitarbeiter dies mitbekommen.
Wichtig; DU stellst Dich in diesen Gesprächen den Mitarbeitern als NEUER Kollege vor: den Geschäftsführer! Sie

nehmen DICH neu war und akzeptieren dies wesentlich eher, als wenn Du Dich in Deinen Elfenbeinturm zurückziehst und Deinen Status feierst. Die neue Distanz muss klar und offen ausgesprochen werden. Sie ist sowieso da. Also benutze sie vom ersten Tag an.

Wenn Du von Deinen Gesprächen zurückkommst, musst Du Dir zu jedem Namen, zu jeder Funktion der Organisation und zu jedem Vorfall Notizen machen. Wenn Du eine Assistentin hast, diktiere es.
Übrigens; ich erspare mir, jede erforderliche geschlechtliche Korrektheit zu beachten. Wenn Du eine Frau bist, hast Du sowieso sehr viel weniger Probleme als die Männer, denn Frauen sind den Männern bezüglich des Bauchgefühls DEUTLICH voraus.

Bist Du ein Workaholic? Fliegst Du von Meeting zu Meeting, telefonierst und schreibst und machst ohne Pause?
Klasse! So ist das ...!
Das bringt Spaß und das Adrenalin lässt uns erst so richtig das Leben spüren!

Trotzdem:
In jedem Unternehmen passieren Dinge, die unscheinbar oder vordergründig belanglos sind, sich aber häufen und ganz sicher Folgen haben. Und Du bekommst diese nicht mit!
Die ehemaligen tollen Kollegen erzählen es Dir nicht mehr und die Übernahme von Verantwortung kreiselt sinnlos herum.
Ab dem ersten Tag – spätestens ab diesem! – musst Du Dir für Dein Bauchgefühl Zeit nehmen!
Diese Zeit ist meistens nur ein paar Sekunden pro Vorgang.

Mache Dir in Deinem Smartphone oder Deinem „persönlichen Buch" eine kurze Notiz, die Du Dir abends im Büro noch einmal in Ruhe vornehmen kannst.

Beispiele:

Wirtschaftsberater sagt: Wir sollten eine Anspar-Afa vornehmen. Das spart in diesem Jahr Steuern und wir haben mehr Liquidität. Diese können wir nächstes Jahr ja wieder auflösen.
Tolle Sache! Mehr Liqui = mehr Geld für was weiß ich denn und nächstes Jahr machen wir eh´ 10% mehr Gewinn ...
Bauchgefühl: Aber habe ich sicher nächstes Jahr 10% mehr Gewinn? Habe ich sicher die Liquidität für mehr Steuern? Weil ich das nicht weiß, müsste ich also gleichzeitig eine liquide Rückstellung bilden, oder? Was soll dann die Anspar-Afa?

Mitarbeiter in der Produktion sagt: Die Maschine hat ein Problem, aber die repariere ich noch vor Schichtwechsel.
Toller Mitarbeiter: er stellt ein Manko fest, will es selbst beheben und spart der Firma Geld.
Bauchgefühl: sind denn die Aufträge vorher gut gegangen? Ist der Fehler registriert und die Ergebnisse der Produktion vom Produktionsleiter kontrolliert? Kontrollieren!

Abteilungsleiter (Profi und Meister seines Faches) berichtet: Ich habe eine tolle Produktionsmaschine ausgesucht: Schnäppchen, ist voll-digital und wir können endlich dies und das machen! Wir haben das Geld und das ist DIE Gelegenheit!
Bauchgefühl: Er kann das besser beurteilen als ich. Also prüfe ich das durch einen dritten!

... und hundert Begebenheiten am Tag mehr.
Wenn Du im Voll-Stress bist und allen Mitarbeitern und Partnern vertraust und meinst, dass alle mit DEINEN Gedanken
und Zielen arbeiten und Dir dadurch viel Zeit sparen, gehst
Du geradewegs in die Katastrophe. Glaube mir ...

Das ist das größte Problem mit dem Bauchgefühl.
Es ist immer da. Nur Du und Deine Prioritäten entscheiden
ob dieses wichtige Instrument des Unternehmertums eine
Chance haben, richtige Entscheidungen zu treffen.

Der vorher genannte Gewinnmaximierer wird Dir widerspre-
chen. Es ist doch nur das so genannte „Numbers-Game" –
die einfache Prozedur der Berechnung, des Controlling. Ein
Zahlenspiel eben. Das ist ja richtig, aber nehmen wir die einfache P/L oder Gewinn- und Verlust-Rechnung: Alles klare
und dokumentierte Zahlen. Ist das so? Keinesfalls (Genaue-
res unter „Finanzplanung").
Bestandsveränderungen beinhalten auch Bewertungen von
Zeitwerten, Rückstellungen sind Pläne und nicht immer
Fakten, Einkaufsboni sind gegebenenfalls nicht berücksich-
tigt, Abschreibungen falsch, Abgrenzungsposten, Garantie-
leistungen und „Sonstiges" möglicherweise mehr Wunsch als
Wahrheit. Prüfen!
Oder das so wichtige Instrument der Cash-Flow-Planung.
Jede Planung ist mehr Wunsch als Realität. Wer kann schon
in die Zukunft schauen?
Wenn Deine Emotionen bei Zahlen sagen: „So passt es!",
sagt Dein Bauchgefühl todsicher: „Aber..." und das ist der
Moment, wo Du auf IHN hören und Pläne, Reportings und
Listen korrigieren solltest. Wenn nicht, erlebst Du sicher
Überraschungen – leider meistens negative.

Du lässt Dein Kind auch nicht am Abgrund balancieren, weil es sagt, dass es nicht runterfallen wird, sondern nimmst es an die Hand, oder?

Vertrauen – Misstrauen – Stärke

Das Vertrauen haben ich schon vorher hier und da angesprochen. Vertrauen ist eine noch kompliziertere Sache als das Bauchgefühl. Vertrauen entscheidet über Gelingen und Scheitern jedes Vorhabens.

Vorweg: Ohne Vertrauen geht nichts! Nur das Maß und das Verfahren ist variabel.

Vertrauen zu Dir selbst

Ich gehe hier nicht auf diejenigen Spinner ein, die sich immer wieder selbst überschätzen und sich für die größten und besten halten. Diese Leute interessieren mich nicht – ich verachte sie sogar.
Idealer Weise kennst Du Deine Grenzen des Wissens und Könnens selbst am Besten. Nobody is perfect. Aber von Dir wird von außen und innen ab sofort Perfektion erwartet.
Was Du kannst und weißt, ist ab sofort Gesetz in Deiner Firma, klar? Du kannst Fehlentscheidungen treffen oder Fehlverhalten an den Tag legen. Es ist Deine Firma und Deine Entscheidung. Aber lasse Dir niemals von anderen in Dein Talent und Dein Wissen hineinreden! Das würde Deine Basis schwächen und dienst sowieso ausschließlich dazu, sich über Dich zu stellen. Wenn Du aber Fehlentscheidungen mit den Betroffenen im Nachhinein besprichst, verdienst Du

Dir Respekt und Vertrauen. Aber dazu gehören „Cojones" ...
Habe also Vertauen zu Dir und baue dieses noch aus. Lerne
täglich in den Bereichen, in denen Du noch nicht sattelfest
bist. Ob es die Lagerhaltung oder das IT-System, die Maschi-
nenbedienung oder das Verkaufsgespräch ist. Du bist nir-
gendwo so gut wie Deine Mitarbeiter, aber je kompetenter Du
in allen Bereichen bist, desto besser ist Deine Entscheidungsfähigkeit, Dein Bauchgefühl und der Respekt vor Dir.

Vertrauen zu Deinen Mitarbeitern

Jetzt wird es schwierig ...
Wie bereits angesprochen, warst Du früher der Kollege und
der Kumpel. Man hat Dir Dinge über die Firma und Kollegen
berichtet, die Dir als Vorgesetzten geholfen haben, Dinge
gerade zu rücken, zu retten oder besser zu planen. Das ist
jetzt vorbei.
Natürlich musst Du das Vertrauen haben, dass jeder Deiner
Mitarbeiter seinen Job so gut macht, wie er es kann. Aber er
wird es niemals so gut machen, wie Du es gerne hättest!
Denn niemand hat Deine Motivation und Dein Ziel in Deiner
Firma. Vergiss das nicht!
Gehe bitte davon aus, dass viele Informationen, die an Dich
herangetragen werden, von bestimmten Motivationen geboren wurden: Missgunst, Profilneurosen, Eifersucht, ... leider
nicht immer im Sinne der Firma, sondern meistens persönlich
geprägt. Dies gilt es zu erkennen und zu bewerten. Und
schon sind wir wieder beim Bauchgefühl.

Ich habe selbst viel Zeit investieren müssen, um mir zugetra-
gene Dinge zu untersuchen, zu bewerten und schließlich
richtig zu entscheiden. Es hat sich immer gelohnt und ich
habe oftmals falsche Entscheidungen verhindern können.

Aber leider nicht immer.

Eine kleine Geschichte, welche die Tragweite des Bauchgefühls verdeutlicht:
Ich hatte einen Produktionsleiter. Er war mit 2 % am Unternehmen beteiligt, hatte Prokura (ohne Personalbefugnis!) und hatte 60 % des Unternehmens operativ unter sich. Er war mental sehr stark und gaukelte mir immer wieder seine CI (Corporate Identity) glaubwürdig vor. Er arbeitete wie ein Pferd, konnte jede Maschine besser als alle anderen bedienen, alle Aufträge am schnellsten fahren und hatte seine Mannschaft voll unter Kontrolle.
Drei Jahre nach dem MBO waren wir in der Lage, über € 2 Mio in modernere und schnellere Produktionsmaschinen mit mehr Möglichkeiten zu investieren. Das gesamte Procedere und der Plan wurden mit allen Führungskräften, dem Vertrieb, dem Innendienst und der Sachbearbeitung bis ins Detail gemeinsam ausgearbeitet. Der Controller hat jedes erdenkliches Szenario berechnet und wir trafen die entsprechenden Entscheidungen. Der Vertrieb hatte sich sehr gut vorbereitet, es wurden neue Mitarbeiter eingestellt, geschult und die Produktion entsprechend neu organisiert.
Die Maschinen kamen und wurden installiert.
Nach einigen Monaten hörte ich mehr und mehr aus dem Vertrieb, dass einige vorab avisierten Produktionsmöglichkeiten doch nicht gingen. Erklärungen vom Produktionsleiter: wir haben noch ein paar kleine Probleme und außerdem will der Vertrieb immer die berühmten „Eierlegenden Wollmilchsäue". Der Controller meldete nach weiteren zwei Monaten: Die Maschinen hatten Ausfälle, liefen bei weitem nicht die Geschwindigkeiten, die avisiert waren und die gewonnen Aufträge hatten am Ende eine Unterdeckung.
Erklärung des Produktionsleiters: wir haben noch ein paar

kleine Probleme mit den Maschinen und die Preise der genannten Aufträge werden im nächsten Jahr erhöht (Blödsinn!).

Unser Ergebnis sank weit unter den Plan, der Controller wurde immer nervöser und ich fing an, dem Produktionsleiter blöde Fragen zu stellen. Irgendwann stellte er die Kommunikation zu mir ein. Wenn ich in die Produktion ging, sprach kaum noch ein Mitarbeiter mit mir und der Vertrieb schimpfte immer mehr.

Was war passiert?

Der Produktionsleiter war ein Musterbeispiel der Kategorie „Machtmensch". Er hatte sich nicht selbst bereichert, sondern billige, ungenügende Maschinen bestellt, um sich mehr Maschinen als geplant leisten zu können und seine Mannschaft (Macht!) noch deutlicher zu erhöhen. Er hatte günstige Kalkulationen erstellt (gefälscht!), um jeden Kunden zum Auftrag zu motivierten, obwohl eine teils massive Unterdeckung vorhanden war. Materialverbrauch hat er herunter gelogen, Rechnungen hierfür als „Reklamationsvorgänge" klassifiziert. Sollte der Verkaufserfolg ausbleiben, sind die Verkäufer zu blöd (gern genanntes Argument aller Mitarbeiter außer dem Vertrieb – das ist üblich ...).

Hauptsache die Maschinen liefen in zwei Schichten auf vollen Touren, die Mitarbeiter wurden voll ausgelastet und der Vertrieb sollte die Preise eben im nächsten Jahr hoch bringen.

Seine Macht im Unternehmen sollte massiv steigen.

Hierzu hatte er den Lieferanten und seinen Mitarbeitern untersagt, mit mir zu kommunizieren. Das hielt er noch zwei weitere Monate durch und dann platzte die Bombe.

Aber es war zu spät.

Schließlich kam der Controller auf Bestandsfehler. Eine Vertraute aus der Arbeitsvorbereitung fasste sich ein Herz und besuchte mich im Beisein eines Anwaltes in meinem Büro.

Sie erzählte mir eine Stunde lang, wie der Produktionsleiter gegen mich und die Firma intrigierte, welche Schäden er bewusst angerichtet hatte und belegte dies vollständig.

Der Produktionsleiter wurde am gleichen Tage fristlos entlassen. Die Arbeitsplatzschutzklage habe ich gewonnen und ich besuchte danach 31 Firmen um die Preise ab sofort zu erhöhen. Es gelang überwiegend.

Die vertraute Mitarbeiterin verstarb ein Jahr später im Alter von 42 Jahren an Krebs. Ich denke viel an Dich, Regina.

Was war mein Fehler: Ich konnte die Maschinen nicht selbst beurteilen und vertraute meinem Produktionsleiter, der sich persönlich in mein Vertrauen eingeschlichen hatte. Da er selbst keinen monetären Gewinn aus seiner Machtsteigerung hatte, schöpfte zunächst keiner Verdacht. Niemand konnte sich vorstellen, dass die Maschinen letzten Endes unsinnig waren – außer den operativen Mitarbeitern.

Hinzu kamen seine persönlichen Machenschaften ...

Mein Bauchgefühl sagte mir schon länger, dass seine permanente Selbstdarstellung eine Verdeckung von anderen Zielen war. Ich sah die Maschinen und die Gesichter der Maschinenführer und dachte mir, irgendetwas stimmt nicht ... aber der Mann war doch der beste seines Faches!

Ich habe ihm vertraut – die anderen auch – und es ging schief. Der Schaden belief sich auf € 733.000,-- (Controller-Berechnung) und das in einer Zeit, als die Wirtschaftskrise 2009 begann.

Aber ich habe vertraut und nicht auf mein Bauchgefühl gehört. Wie alle anderen auch, aber ich hatte die Verantwortung.

Vertrauen zu Partnern

„Der Kunde ist König!" Blödsinn!
Der Kunde ist Partner. Auf Augenhöhe und mit Pflichten und
Rechten.
Einige Kunden und Lieferanten kann man nur mit Hand-
schlag, Vertrauen und Persönlichkeit behandeln. Das ist
regional verschieden. Im friesischen Raum ist ein Kaufvertrag auftrags-verhindernd. Im schwäbischen Raum ein Muss.
Ob Kaufvertrag oder Handschlag: zu jedem Geschäft mit Lieferanten oder Kunden (alles Partner) gehört ein gutes Maß
an Vertrauen.
Die Lieferqualität hängt von Menschen ab – nichts anderes.
Die Produktqualität hängt manchmal davon ab, ob der Fuß-
ballverein am Wochenende gewonnen hat oder nicht.
Die Zahlungsmoral hängt von der finanziellen Situation und
von den Prioritäten des Unternehmers ab. Jeder Vertag kann
gebogen und gebrochen werden.
Ich muss jedem Partner ein Maß an Vertrauen entgegen bringen. Regional und persönlich abhängig.
Besonders in diesen Zeiten, in denen die Zahlungsbedingun-
gen grundsätzlich zu Lasten des letzten und schwächsten in
der Supply Chain (Lieferkette) abgewälzt wird, in welcher der
kleinste Handwerker die Bank für den multinationalen Bau-
konzern spielen soll, ist das Vertrauen eine schwierige
Sache.
Die Chinesen, Inder und Araber und machen es sich sehr
einfach: Vorkasse. Die ganze Welt akzeptiert das. Wenn die
Qualität nicht stimmt, habe ich Pech gehabt und bestelle dort
nicht wieder. Das wollen die Lieferanten nicht und werden
alles versuchen, Fehler zu vermeiden. Aber mit der Vorkasse
läuft das Geschäft problemlos und erfolgreich. Wann werden
wir in der übrigen Welt das endlich auch begreifen?

Warum machen die Chinesen, Inder und Araber dieses – für uns so brutale und unpartnerschaftliche – System? Weil die sich selbst untereinander in keiner Weise vertrauen! Leistung gegen Geld und das unmittelbar – das war´s. Ich habe dies in langen Jahren des Lebens und Arbeitens in den Regionen am eigenen Leibe gespürt. Funktioniert hervorragend und stressfrei.

Noch eine kleine Geschichte:
Bevor ich das MBO durchführte arbeitete ich für den Gesamtkonzern als Bereichsleiter.
Im anderen Bereich hatte man einen russischen Händler seit 9(!) Jahren auf Vorkassenbasis sehr erfolgreich aufgebaut.
Der Händler verkaufte Maschinen für umgerechnet € 0,5 – 1 Mio jedes Jahr.
Nach der Grenzöffnung 1989 besuchten wir die erste gesamtdeutsche, Leipziger Messe als Aussteller und luden alle östlichen Händler ein. Zur Feier des Tages eröffnete unser Inhaber dem russischen Händler, dass er aufgrund der langjährigen, erfolgreichen und vertrauensvollen Zusammenarbeit nunmehr erst bei Lieferung zahlen müsste. Er freute sich und bestellte vier große Maschinen (Umsatz 0,4 Mio) direkt auf und von der Messe.
Die Maschinen wurden direkt nach der Messe verpackt und versendet.
Muss ich weiter erzählen? Ich denke nicht ...
Maschinen und Händler wurden nie wieder gesehen. Das Geld auch nicht ...

Vertrauen in Kooperationspartner

Dies ist an die Unternehmer gerichtet, die von Kooperationspartner abhängig sind. Angefangen von freien Handelsvertre-
tern über Dienstleistern bis zu Unternehmen, welche sich zu
mehr als 30 % von Kunden oder Lieferanten abhängig
machen.
„Komm´ wir machen was zusammen!"
„Sie werden das locker machen ... meine anderen Partner
machen viel Geld damit ..."
„Ich gebe Ihnen („Dir" – das ist noch viel schlimmer ...) erst
mal xx Produkte und die verkaufen Sie mit einer größeren
Spanne"
„Sie sind ja ein Geschenk für mich!"

Sind die Alarmglocken an und schrillen? Hoffentlich! Bleibe
von diesen Spinnern fern!
NIEMAND gibt Dir etwas umsonst! Keiner will Dich fördern,
ohne einen persönlichen Nutzen zu haben. Und wenn dieser
ausbleibt, lassen sie Dich schneller fallen, als Du „Hoppla"
sagen kannst.
Selbstverständlich gibt es Ausnahmen..

Grundsätzlich gilt:
Wenn Du es OHNE diese oben genannten Angebote und
Versprechungen NICHT schaffst, mit eigenen, laufenden
Möglichkeiten zu überleben, lasse die Finger davon und
suche Dir etwas ganz anderes.
Wenn Du keine andere Möglichkeit hast und diese Angebote
annehmen MUSST, dann suche Dir parallel weitere Möglich-
keiten, Dein Überleben zu sichern.

Aber verlasse Dich niemals auf diese Spinner!

Es kann nur einen geben!

Du willst einen MBO machen und hast Kollegen, die unbedingt in der Geschäftsleitung mitmachen wollen? Klasse!
Aber: es kann nur einen geben, der die endgültigen Entscheidungen trifft!
Als ich mein MBO plante, gab es zwei Mitarbeiter, die mit deren jeweiligen Sachverstand und Einsatz unbedingt eine Drittel-Drittel-Drittel-Inhaberschaft wollten. Beide wollten Geschäftsführer sein und ich sollte der Hauptgeschäftsführer werden.
Ich kaufte das Buch „GmbH-Geschäftsführerhaftung" und gab es den beiden Ehefrauen.
Das Thema Geschäftsführer war bei beiden vom Tisch ...

Dann war das Thema der Beteiligungen dran:
Der Gewinn immer schön durch drei Teilen, denn schließlich sind wir ja gleich wichtig!
Ich plante die Finanzierung des MBO mit Kaufpreis, Haftungen für die Kreditlinie, erforderliches Working Capital und teilte alles durch drei und stellte es bei einem Meeting im Beisein der Ehefrauen vor. Das Thema war dann ebenfalls vom Tisch ...

So ist das immer:
„Dusch´ mich aber mach´ mich nicht nass!" ist leider die gängige Devise dieser Spinner.
Das geht nun mal nicht!
Man kann nicht verdienen ohne Einsatz.
Man kann nicht herrschen ohne Verteidigung.
Man kann nicht erfolgreich sein ohne Risiken einzugehen.
Wenn die Ehepartnerin nicht vollem Umfang hinter sämtli-

chen Bedingungen eines Unternehmertums mit finanzieller Beteiligung stehen, lasse sie es alleine ohne Dich machen oder zeige ihnen von vornherein die Grenzen auf. In meinem Falle waren das eben statt 33,3 % nur jeweils 2 %.

Somit gab es eben nur den EINEN, der die letzte Entscheidung traf und dafür gesamte Risiko trug.

Obwohl beide meinten, dass wir uns niemals streiten und immer die gleichen Ziele und Strategien haben, gab es natürlich schon im ersten Jahr die ersten Unstimmigkeiten, die einfach entschieden werden mussten. So ging es dann auch gut.

Am Ende schied – wie oben erwähnt – sogar einer in Schimpf und Schande aus, es gab keine Probleme der Übertragung seiner lächerlichen Anteile und er hatte keinen Einblick in unsere Geschäftsvorgänge mehr.

Mach´ aber auch etwas aus Deiner Entscheidungsfähigkeit! Mitarbeiter, Partner und Sponsoren wollen Entscheider und Strategen haben und keine, die jede Angelegenheit noch mit ihren Partnern besprechen müssen oder wollen!

Schaffe um Gottes Willen von vornherein eine klare, abgegrenzte Situation der Macht in Deinem Unternehmen! Wenn dies im Vorweg schon nicht gelingt, lasse die Finger davon!

Eine bekannte, sehr hoch qualifizierte GmbH mit 70 Mitarbeitern im hessischen Raum wurde von zwei gleichberechtigten Inhabern geführt und besessen. Einer war der technische Leiter und der andere führte das maßgeblich das kaufmännische und den Vertrieb. Dieses Konzept ging sogar über 37 Jahre gut.

Eines Tages erhielt ich einen Anruf des einen Inhabers, er wolle mal in Ruhe mit mir sprechen. Die Branche war recht klein, vertraut und arbeitete in sehr vielen Kundenfällen gut zusammen. Man kannte sich, war vielfach per „Du" und alles in allem eine angenehme Runde. Ich persönlich war bekannt als jemand, dem man sich anvertrauen, von dem man einen Rat holen konnte.

Das Problem dieser beiden Inhaber war, dass der eine ausscheiden wollte, seine Anteile seiner Tochter übergeben oder einen neuen Partner hereinholen wollte. Das wollte der andere aber nicht.

Beide waren inzwischen seit zwei Jahren nicht mehr in der Lage, miteinander zu sprechen. Alles ging nur noch über Anwälte und geriet ins Stocken.

Ich konnte zwischen den Beiden dann irgendwann einmal vermitteln. Man einigte sich darauf, dass BEIDE Anteilseigner verkaufen. Allerdings gingen die Preisvorstellungen weit auseinander.

Um die Geschichte kurz zu machen: es dauerte weitere drei Jahre, bis das Unternehmen an eine neu gegründete Gesellschaft verkauft war und beide in den Ruhestand gingen. Der jahrelange Streit hatte sie beide krank gemacht. Beide lebten leider nicht mehr lange.

Ich saß vor drei Jahren mit einem ehemaligen Mitarbeiter zusammen, der ein sehr gutes Produkt entwickelt hatte. Er gründete eine GmbH mit zwei weiteren, besten Freunden zu gleichen Teilen zusammen. Ich bettelte ihn förmlich an, dies nicht zu tun ...

Vor einem halben Jahr wurde einer der drei gefeuert, er hatte das Startup fast ruiniert.

Wenn Du ein Unternehmen als Team führen und dafür haften willst, dann gehe lieber Fußballspielen. Aber auch da funktioniert das nicht ...

Als Unternehmer willst Du etwas unternehmen. Das ent-

scheidest Du ganz allein.
Du hörst Dir gern und unbedingt andere Meinungen an. Aber entscheiden wirst Du alles allein. Haften auch ...

Bei diesem Thema hilft ein Blick auf die Tierwelt (übrigens für den Unternehmer ein interessantes Thema. Lese mal das Buch „So managed die Natur"):

Jedes Rudel hat einen Rudelführer. Es gibt keine Tierart, in der ein Rudel nicht geführt wird.
Die Wölfe als erfolgreichste und intelligente Rudelart hat sogar zwei:
Ein Alpha und ein Beta-Tier.
Während das Beta Tier augenscheinlich das Rudel führt, ist tatsächlich ein anderer Wolf das echte Alpha-Tier. Bei der Streif durch die Prärie läuft der Alpha-Wolf plötzlich von hinten nach vorn zum Beta-Männchen, knufft ihn ein wenig und zeigt ihm den neuen Weg.
So muss das in Deinem Unternehmen auch sein: Du fällst die Entscheidungen und andere leiten die einzelnen Aufgaben. Aber der Alpha-Wolf kontrolliert ständig die Situation und sorgt für den Fortbestand des Rudels ... na ja ... Du weißt, wie ich das hier meine ...

Die Tierarten OHNE Rudelführer überleben mit der Schwarmintelligenz: Sardinen, Ameisen, Stare, etc.
Diese dienen jedoch ausschließlich als Futter für Orcas, Ameisenbären und Falken ... alles klar?

Die Ausrichtung gerade bei einem MBO auf nur Dich als alleinigen Geschäftsführer ist in der Gründungsphase enorm wichtig. Stelle auf jeden Fall die Weichen sofort und ganz klar.

Live-Work-Balance

Ziel: finanziell unabhängig, gesund und glücklich!
Na dann mal los ...

Wie im Sektor „Früher" beschrieben, ist die Balance zwischen Familie und Beruf als Unternehmer fast nicht herstellbar. Es sei denn, Dein Betrieb läuft nahezu ohne Dich und Du hast Kohle ohne Ende. Aber dann würdest Du dieses Buch nicht lesen.

Als Unternehmer bist Du ein Einzelkämpfer. Als Familien-Mitglied und im Freundeskreis bist Du ein Teamplayer. Wie geht das?

Es geht. Allerdings nicht so, wie Du es als Angestellter vielleicht idealer Weise hinbekommen hast.
Mit einem 8 bis 17-Uhr-Job konntest Du als bester Ehepartner und Elternteil von wundervollen Kindern mindestens zwei Stunden an jedem Abend Familienmensch sein. Mindestens zwei Mal pro Woche warst Du zum Sport und mit Freunden zusammen und das Leben war herrlich.
Als Unternehmer ist das nicht mehr zu schaffen.
Wie eingangs beschrieben, musst Du Dir zum einen Strategien für Deine Aufmerksamkeitsspanne in der Familie ausdenken , üben, korrigieren und einsetzen und zum anderen musst Du Dir einige Gestaltungen des Privatlebens umbauen.

In der Familie kannst und musst Du dies vorbereitend besprechen. Wenn Deine Familie und vor allem Dein Ehe- oder Lebenspartner diesen Verzicht auf Dich nicht zu 100 % akzeptiert und Dich in Deinem Unternehmensweg unterstützt,

musst Du eine Entscheidung treffen:
Unternehmer oder Familie.
Du wirst diese Entscheidung nicht treffen. Du wirst auch
Deine Familie vielleicht darüber unterrichten, dass Du mehr
arbeiten wirst und dies mit mehr Luxus und Lebensqualität
verkaufen, aber Du wirst sie nicht auf Deine weitreichende
Veränderung Deiner Persönlichkeit vorbereiten. Wie auch?
Du weißt ja nicht, wie Du Dich entwickeln wirst.

Tue mir einen Gefallen und versuche Dich trotzdem mit
Deiner Familie sehr offen und vorbereitend in alle Richtungen
zu besprechen. Gebe ihnen wenigstens die Chance, über
das Wohl und Wehe nachdenken zu können und hole sie mit
an Bord der Reise.

Vereinbare mit der Familie feste Hobbys, gemeinsame Zeiten
und Aktivitäten, auf die sie sich verlassen können. Dann
kannst Du diese auch planen, sie werden seltener wegen Ab-
sagen Deinerseits enttäuscht und es hilft Dir, Dich von
Deinem Job zu erholen und wieder den Sinn des Lebens zu
spüren:
Mensch unter Menschen sein, Familie, vielleicht Kinder und
Gesundheit.

Denke immer daran, dass das Auseinanderleben während
Partnerschaft plus Kinder plus Karriere nur sehr selten
wieder zusammen geführt werden kann.
Wehre den Anfängen!

Motivation – kein Chaka!

Ich habe so viele Motivationsseminare mitgemacht, so viele Führungskräfte hingeschickt und Mitarbeiter teilnehmen lassen. Habe selbst Motivationsseminare durchgeführt und – zig Bücher gelesen ... und habe irgendwann festgestellt:

Die Wirkung ist toll, aber sie verfliegt immer schneller als gewünscht.

Hier geht es also nicht um die Chaka-Predigten, sondern um den zweit-wesentlichsten Teil nach dem betriebswirtschaftlichen Genius eines Unternehmers: die vielen Facetten und entscheidende Wirkung der Motivation.

Ich weiß, dass ich jetzt viele meiner Berater-Kollegen furchtbar ärgere. Ich gebe zu, dass mich so viele Bücher sehr motiviert haben: zum Beispiel hat mich „Der Wow-Effekt" von Tom Peters dermaßen begeistert, dass ich für einen Tag eine der tollsten Villen in Hamburg mietete und mit meinen Führungskräften eine Reise in das „andere, freie Denken" zu einer neuen Kreativität geführt habe. Die Beispiele, Erfahrungen und Strategien in dem Buch sind wirklich „wow".
Okay, mindestens ein Drittel des Buches sind total überholt, da die informatorische Entwicklung seit 1995 die Tipps überholt haben. Aber die erste Hälfte ist wirklich auch heute noch lesenswert.
Trotzdem: Der unternehmerische, Management- und produktive Alltag holt uns alle sehr schnell wieder ein. Wow-Effekte bleiben nur einem im Kopf: Dir.

Es ist ein tolles Gefühl, wenn man sich von den wahrlich kreativen, findigen, dynamischen Motivations-Gurus einlullen lässt. Das Hochgefühl, wenn man im Geiste über sich hinauswächst und denkt, dass man sein gesamtes Umfeld mitreißen kann.

Aber: in der Realität funktioniert es nicht.

Oder nur bedingt.

Jedenfalls nicht so, wie es uns der Chaka-Typ vermittelt. Und das liegt nicht an Dir oder all den anderen Teilnehmern, sondern – ich wiederhole mich – an der Realität.

Der Motivationsprofi ist ein phantastischer Verkäufer. Ein hoch intelligenter, charismatischer Mitreißer, der erstklassige Ideen in einen geschickten Ablauf strickt und einem Blinden eine Lesebrille verkaufen könnte.

So sind wir nämlich: blind für die Einfachheit der Motivation! Und das weiß er.

Spätestens jetzt habe ich einige potentielle Freunde meiner Zunft verloren. Das ist mir aber völlig egal, weil ich Dir gerne einige –zig Tausende Euros an Seminaren, viele emotionale Enttäuschungen und viel Zeit ersparen will.

Wie wirkt sich Motivation in der Realität aus?

Erfolg

In JEDER Situation des Lebens schaffen wir die persönlichen Höchstleistungen nicht über Training, Schulung, Fleiß oder Kenntnisse, sondern ausschließlich und über die Motivation.

Die Auswirkung im Unternehmen ist immens:

Hast Du alle Aufgaben und Zuständigkeiten verteilt und geregelt, kannst Du Dich auf eine bestimmte Leistungsausbeute (was für ein schreckliches Wort ...) verlassen. Nehmen wir einmal optimistisch an, dass diese zu 100 % Deiner Erwartungen eintrifft, dann stimmt Deine Planung.

Aber die wird nur selten Realität ...

Wenn die Umsätze steigen, die Qualität in allen Bereichen

zunimmt, kannst Du nicht sofort weitere Mitarbeiter einstellen, sondern Du weist schnelleres Arbeiten an. Dann kommt die Anforderung nach Überstunden. Auf diesem Weg stellst Du schnell fest, dass die Mitarbeiter unterschiedlich reagieren und erfüllen. Es sind die motivierten und die unmotivierten.

Wie Sportler sind auch die Mitarbeiter in der Lage, bezüglich Arbeitsgeschwindigkeit und -qualität 10-50 % mehr aus sich herauszuholen, wenn sie motiviert sind.

Stellen wir uns das im Unternehmen vor, dann sind es 10-50 % schnellere Produktionen, schnellere Lieferungen, bessere Kundenberatungen (die zum Auftrag führen oder Reklamationen günstiger machen) und dementsprechend mehr cashflow herein spülen.

Bei einer Leistungssteigerung von nur 10 % bei gleichen Kosten, ist die Steigerung des EBIT´s quotiert höher (Kosten bleiben ja gleich)!

Anders betrachtet: der EBIT lässt sich nur erreichen, wenn die oberen 20 % Umsatz (angenommen) erreicht werden. Ansonsten arbeiten wir ausschließlich für die Kostendeckung und das macht ja nicht unbedingt Sinn. Die oberen 20 % Umsatz erreichen wir wesentlich leichter, günstiger, schneller und **überhaupt** nur über die Motivation!

Vertrieb

Der Verkaufserfolg war früher maßgeblich über den Fleiß, Produktkenntnis und vertriebliche Erfahrung zu erreichen. Früher wurde der Vertriebsmitarbeiter gut ausgebildet, auf die Straße geschickt und wenn er fleißig war, hat er sich genügend „Vorlauf" erarbeitet und die Umsätze kamen. Selbstverständlich war er ordentlich, gepflegt, kannte sich in seinen Produkten und dem Markt und Wettbewerb hervorragend aus und war ein sympathischer, angenehmer Zeitgenosse.

Idealer Weise …
Er musste in höchstem Maße motiviert sein! Er wurde ge-
streichelt und gehätschelt und alles wurde ihm bereitgestellt,
damit er ideal arbeiten konnte. Denn: die Kaufentscheidun-
gen waren zu 70 % emotional und nur zu 30 % rational.

Das hat sich heute, in der Zeit der Globalisierung und der be-
herrschenden Marktmacht der Konzerne sehr verändert.
Der Vertrieb von heute findet durch Networking statt. Der potentielle Kunde erhält seine Informationen über die ge-
wünschten Produkte über das Internet, vergleicht für sich
selbst, lädt zu Präsentationen ein und besucht Networking-
Veranstaltungen.

Der Vertriebsmitarbeiter ist heute weniger ein Produktprofi,
sondern ein Networker und Präsentationsprofi. Die Motivation eines Vertriebsmitarbeiters ist heutzutage anders: wesentlich ausgefeilter, intensiver und auf höherem Niveau.
Heute zählt die Einbindung in Betriebskennzahlen, das unternehmerische Denken und die persönliche Nähe zu diesem
mehr als früher.

Ein Vertriebsmitarbeiter von heute nimmt die Anforderungen
des Kunden auf und schafft Lösungsansätze. Nur Ansätze!
Der Kunde von heute ist erwachsener, kritischer und wesentlich besser informiert als früher. Er mag keine typischen Verkäufer. Die stehlen nur Zeit und Nerven.
Der Vertriebler von heute ist ein Analyst, ein Versteher, ein
Stratege, ist auf Augenhöhe mit dem Entscheider, er stielt
keine Zeit sondern unterstützt bei der Problemlösung.

Heute kommt der typische Vertriebsmitarbeiter nicht aus dem
gelernten Einzelhandel, sondern von der Wirtschaftsakade-

mie, ist Wirtschaftsingenieur oder BWL´er. Er muss viel mehr Ausbildung mitbringen als früher. Und es sind mehr von seiner Sorte auf dem Markt als früher.

Die Unternehmen machen es sich dementsprechend leicht: Einstellen von Vertriebsmitarbeitern, Vorgaben schaffen und auf die heutzutage sehr viel schwierigere Kontaktaufnahme und Terminierung jagen. Die Königsdisziplin ist heute die Akquise!

Kreativität

Der Künstler wie auch der Mitarbeiter werden erst dann kreativ, wenn sie motiviert sind. Was bedeutet das aber für Deinen Betrieb?
Wenn Dein Mitarbeiter nicht motiviert ist, seine Arbeit fehlerfrei und optimal in Zeit und Qualität vorzunehmen … ist klar, dass das nicht funktioniert. Der motivierte Mitarbeiter schaut auch über den Tellerrand und versucht Kollegen und damit das Unternehmen vor Schaden zu bewahren und zu verbessern! Nur der motivierte Mitarbeiter wird Dir von Missständen und Verbesserungsmöglichkeiten berichten.
Dem nicht motivierten Mitarbeiter geht Dein Unternehmen am Allerwertesten vorbei. Und das kostet Geld!

Der Spaß-Faktor

Der Spaß, den Du mit Deinem Erfolg hast, hat der Mitarbeiter nicht. Er verbringt 60 % seiner Lebenszeit mit Arbeitsweg und Arbeit, verdient sein Gehalt und will sich diese Zeit so angenehm wie möglich gestalten.
Wenn Du es schaffst, ihm den Spaß an der Arbeit zu vermitteln oder zu ermöglichen, wird er ein sehr viel besseres Leben haben und es Dir automatisch mit mehr Produktivität vergüten.

Bei einigen Mitarbeitern gelingt dies trotz größter Bemühungen nicht. Bei diesen schaltest Du irgendwann auf sachliches Verhalten und irgendwann kommt die Konfrontation.

Merke: je länger du Dir unmotiviertes, unrespektables Verhalten gefallen lässt, desto schneller schlägt das negative Verhalten des Mitarbeiters auf Kollegen über! Man sieht sich Dein Reaktionsverhalten an und nimmt Dich nicht mehr Ernst. Reagiere sofort und direkt: Publikumswirksam in Form von klaren Anweisungen und unter vier Augen in Form von Klärung.

So motivierst du die anderen Mitarbeiter, sich ordentlich und fair zu verhalten. Ein „ordentlicher" Mitarbeiter will sehen, dass sich sein Verhalten als „Standard" durchsetzt und nicht von anderen unterwandert wird.

Die Gesundheit

Erfolg, Motivation, Spaß, gute Stimmung gegen Misserfolg oder Gleichgültigkeit, Demotivation und Miesepetrigkeit. Was ist für den Organismus wohl gesünder?

Ärzte, Psychologen und Du selbst wissen, dass negativer Stress auf jeden Fall krank macht. Krankheit bringt keine Produktivität. Und man stirbt früher.

Dieser Punkt ist mir sehr wichtig:

Warum sollst Du Dir – und Deine Mitarbeiter – vierzig Jahre lang Stress und Kampf aufbürden, um mit dem verdienten Geld in der entsprechend knappen oder überhaupt nicht vorhandenen Freizeit Dinge leisten zu können, zu denen Du und Deine Mitarbeiter sowieso nicht kommen?

Um dann in Rente zu gehen, plötzlich ungebraucht und verbraucht zu sein und der Körper sich dann endlich die Krankheiten leisten kann, die endlich zur Verfügung stehende Freizeit wegen Zipperlein oder schlimmen Zuständen vermiest oder / und man früh stirbt? Ist das nicht ein Wahnsinn?

Viel Arbeit bringt niemanden um! Stress macht keinen Herzinfarkt. Burn-Out kommt nicht von der Quantität der Arbeit, sondern von der fehlenden Qualität!
Negativer Stress, Mobbing, (Existenz-)Angst und fehlendes Selbstwertgefühl macht krank!
Wer fröhlich zur Arbeit kommt und müde, aber gut gelaunt nach Hause geht, wird älter und hat etwas von seiner Freizeit und seiner Altersruhezeit.

Eigenmotivation
Selbstverständlich bist du bis in die Haarspitzen motiviert. Sonst hättest Du Dich nicht in das Abenteuer der Selbstständigkeit gestürzt.
Du hast aber sicherlich schon in der Planung des MBO oder der Umsetzung der Gründung Deines Unternehmens schon gemerkt, dass Deine Motivation von vorher gründlich geändert hat. Das haben wir bereits bei der „Lebensmaxime" besprochen.

Zu Deiner Perfektion Deiner Aufgabe als Angestellter ist jetzt der wirtschaftliche Erfolg und die Macht hinzugekommen.

Deine Motivation wird nicht oder nur sehr selten von Deinen Mitarbeitern kommen. Sie wird auch nicht aus Deinem Freundeskreis oder Geschäftspartnern kommen. Entweder Du bist selbst-motiviert oder Du gehst vor die Hunde.
Wenn Du für Dein Seelenheil Streicheleinheiten brauchst, gehe in die Selbsthilfegruppe aber mache Dich nicht selbstständig.

Du musst jeden Morgen, jeden Tag, das ganze Jahr guter

Laune oder noch besser: völlig neutraler Laune sein, auch wenn Du gestern einen 16-Stunden Tag hattest und es in der letzten Woche nicht der einzige war. Auch wenn Du Dich mit Deinem Ehepartner bis morgens um drei gestritten hast, Dein Kind krank ist und Deine Freunde Dich das erste Mal nicht zum Grillen eingeladen haben.

Deine Mitarbeiter sehen Dir ins Gesicht und ziehen eine gewisse Sicherheit daraus: geht es uns gut, haben wir Erfolg, lohnt es sich alles, … wenn der Chef miesepetrig ist, macht es denen Angst.
Du musst immer sachlich, höflich und korrekt sein – egal, wie es Dir gerade geht oder ob Du dem Mitarbeiter aufgrund seiner völligen Dummheit eine knallen willst.
Deine Lieferanten, Banken, Partner und Kunden wollen einen starken, gut gelaunten und kreativen Menschen in Dir sehen. Sonst machen die sich Sorgen.

Und wenn die eigene Motivation schwächelt?
Stress in der Firma, mit Kunden, finanzielle Engpässe, schaurige Planungsergebnisse, Stress zuhause, Krankheiten, Mitarbeiterverlust, … Das ist das Leben und erwischt jeden irgendwann in unterschiedlichen Stärken und Häufungen. Was machst Du dann?

Das doofe ist: keiner Deiner Vertrauten, Trainer oder Berater wird sich jetzt an Deine Seite stellen und Dich aufrichten. Denn Du bist ja der große Unternehmer, der alles alleine können muss. Keiner will die Verantwortung übernehmen, in einer negativen persönlichen Situation irgend etwas zu bewirken. In strategischen, finanziellen oder planerischen Aufgaben ja, denn daran verdienen sie alle direkt Geld. Aber persönlich …

Jetzt greifen nur noch zwei Dinge:
1. Dein angeborener Optimismus, Dein Kämpferherz, Deine Überzeugungskraft und Deine Visionen und
2. Dein Lebenspartner
Und da sind sie wieder, die zwei Dinge, die Eingangs als hinderlich und sensibel beschrieben waren.

In Krisenzeiten wirst Du überwiegend noch mehr Widersacher und Zweifler um Dich haben, als sonst. Banken sind dann sehr kritisch gegenüber übermotivierten Spinnern und Ehefrauen/Männer/Partner fühlen sich vielleicht schon längst vernachlässigt und helfen nicht mehr.

Mein Rat:
Nehme unbedingt eine kleine Auszeit!
Du bist in dieser Situation, weil Du in der Vergangenheit irgend etwas übersehen hast, nicht ernst genommen hast, vernachlässigt hast, keinen B-Plan erstellt und ... Dein Bauchgefühl versagt hat!
Gehe Dich an einen Lieblingsort, schüttle allen Druck und Verpflichtung ab und sortiere Dich.
Schotte Dich ab. Keine Handy, kein Festnetz, kein Fax, keine Mails. Nichts.
Am besten eine einsame Hütte in 1.000 Metern Höhe ohne Straße, Strom und anderen Menschen.
Glaube mir: mit DEINEM Ort geht es am besten!

Stelle alle real existierenden Missstände zusammen.
Ordne alle entsprechenden Menschen (Mitarbeiter, Freunde, Verwandte, Partner, Firmen) diesen Missständen zu.
Erarbeite zu jedem Misstand ein realistisches Ziel.
Baue für jedes Ziel Zwischenziele zusammen („Milestones").

Erstelle zu jedem Misstand einen detaillierten zeitlichen und ablauftechnischen Plan, jedes Zwischen- und Endziel zu erreichen.

Schlafe drüber.

Du bist jetzt voll motiviert.

Sofern Du überhaupt Ziele erkennen konntest. Wenn nicht, ist das Ziel die Beendigung! Auch ein Ziel ...

Wenn Du jetzt zurück kommst und unbedingt und ohne irgend eine Widerrede von irgend jemandem alle Einzelpläne konsequent abarbeitest, wirst Du feststellen, dass jeder mitmacht und sich Deine Motivation über das Erreichen der einzelnen Meilensteine immer mehr steigert.

Natürlich gibt es Demotivationen, die nichts mit der Firma zu tun haben: Krankheit, Partnerverlust, Tod geliebter Menschen.

Auch ich habe solches erlebt. Bei solchen Situationen habe ich mir sogar Hilfe geholt, die ich vorher verächtlich verteufelt habe: Psychologen. Es gibt sehr gute!

Psychologen können Dich deutlich schneller, effektiver und andauernder nach vorne bringen, als Du es allein könntest.

Früher habe ich immer argumentiert, dass Psychologen ihren Beruf ausschließlich aus Selbstheilungsgründen gewählt haben. Stimmt ja auch vielleicht ... aber als angenehmer Nebeneffekt entsteht halt auch tatsächlich eine Fähigkeit, als Außenstehender meinen Kopf zurecht rücken zu können.

In Amerika ist so eine Hilfe völlig normal und gehört fast zum guten Ton der Gesellschaft. Hierzulande ist es genau das Gegenteil. Komisch, oder?

Mitarbeitermotivation

Grundsätzlich muss man Talent zum Motivieren haben. Die
Glaubwürdigkeit – also die Ernsthaftigkeit – jeglicher Motivation ist entscheidend für die Wirkung. Hiermit hat es das Top-
management, also Du, leichter als der Abteilungsleiter.
Bist Du der kühle, ernsthafte Typ, kommt ein knappes Lob
besser an als die Lobtirade.
Bist Du der offene, eher kollegiale Typ, muss es schon ein
wenig mehr sein.
Der Mitarbeiter will wahrgenommen werden. Seine Arbeit und
seine Leistung soll überhaupt gesehen und anerkannt
werden.
Es braucht keine überschwänglichen Vorträge, sondern einfache, klare die Vermittlung Deines Eindruckes, dass Dein
Mitarbeiter in Deinem Sinne für das Unternehmen Einsatz
zeigt.

Das beginnt schon in der Kindererziehung. Ein Kind erfährt
bis zu seinem sechsten Lebensjahr rund ein paar Hundert
Lobe aber zehntausende Tadel oder Verbote. Jedes „Nein!"
oder „Lass dass!" zählt zu den Negativerlebnissen. Rückrad
und Charakter bekommt der Mensch aber nicht mit Tadel,
sondern mit Lob und Motivation. Nicht anders!
Natürlich macht der Mitarbeiter Fehler, die man ansprechen
muss. Aber Du kannst dies auch mit Schulung, positiver Belehrung und zum Abschluss einen freundlichen, verbalen
Klaps zur Ermutigung geben.
Wenn dies wiederholt nichts nützt, musst Du halt die Konsequenzen ziehen.

Was braucht der Mitarbeiter, um seine Höchstleistung mit
Freude und Spaß an der Arbeit zu erlangen?

- Klare, nachvollziehbare Arbeitsanweisungen, die der Mitarbeiter auch erfüllen kann und auch die Kollegen im direkten Umfeld kennen müssen.

- Nachschulungen und periodisch neue Aufgabenbereiche und Verantwortungen, an denen er wachsen kann – sofern es das Unternehmen und die Fähigkeiten des Mitarbeiters überhaupt zulassen.

- Ausreichende oder gar gute Arbeitsmittel, mit denen das Arbeiten Freude macht. Ausgelutschte Werkzeuge oder wackelnde Bürostühle tragen nicht zu Höchstleistungen bei.

- Rückmeldungen zu seiner Arbeit, seinen Erfolgen und Misserfolgen in sachlicher und ehrlicher Art. Auch ohne besondere Anlässe – das gibt Vertrauen und Ansporn.

- „Die kleinen Dinge zwischendurch" als Anerkennung für Teamwork und betriebliche Erfolge. Das können ein kleiner Umtrunk (nicht alkoholisch!), ein Grillen in der Mittagspause, die Kuchenplatte sein.

- In manchen Betrieben kommen T-Shirts mit Unternehmenslogo, Krawatten oder Kaffeetassen sehr gut an. Und bitte nicht von den Betriebsrats-Mäklern abschrecken lassen, dass der eine zu Dick und die andere zu fein ist. Einfach machen! Das fördert das Gemeinschaftsgefühl. Muss ja nicht jeder dran teilnehmen …

- Die Gratifikation für wirklich herausragende Leistungen. Aber nur mit Veröffentlichung der Leistung und dem „Benefit" für das Unternehmen! Wenn der Mitarbeiter das nicht will, gibt's auch keine Gratifikation.

- Kleine „steuerfreie" Zuwendungen, die ... frage am besten Deinen Steuerberater. Aber häufige, kleine Zuwendungen, die Dir nicht weh tun aber für den Mitarbeiter spürbar sind, sind Gold wert!
- Ansagen für Sonderleistungen Deines Unternehmens. Setze Ziele und entsprechende Sonderleistungen für die Mitarbeiter!

Nicht motivierend sind:

- Die jährliche Gehaltserhöhung für alle von 3 % - ob tariflich oder nicht. Diese ist netto ohnehin nicht zu spüren und als Motivation ab dem zweiten Monat komplett verpufft. Es wird nach dem Erhalt der entsprechenden Gehaltsmitteilung eher als demotivierend angesehen, da immer „zu wenig".
- Gehaltserhöhung ohne Leistungszuwachs, Funktionsänderung oder neue Verantwortung. Auch diese Motivation verpufft im zweiten Monat.
- Gratifikationen, die als Sonderzahlung voll sozialversicherungspflichtig sind und bei ungünstigen Steuerklassen ein lächerliches Netto ergeben. Vorher eruieren!
- „Chaka"-Ansagen: Bei betrieblichen Schieflagen oder die Abarbeitung von Sonderaufträgen sind solche für Dein Unternehmen wichtig. Deine Mitarbeiter sehen dies aber zum Teil als „Füllen ausschließlich Deiner Taschen".

Nicht, dass wir uns hier falsch verstehen: Es geht hier nicht um Kuschel-Politik! Es geht um eine klare, angenehme Unternehmenskultur, die Höchstleistungen bei einem angenehmen Dasein ermöglichen soll.

Eine Führungskraft mit klarer Struktur und einschätzbarem Verhalten, authentisch und ehrlich, fördernd und konsequent ist das, was ein Mitarbeiter von Dir verlangt. Dann funktioniert der Arbeitsplatz auch und er hat Freude dabei.

Natürlich kannst du auch eine ganz andere Strategie verfolgen:
Setzte Dich in Deinen Elfenbeinturm, regiere mit Härte und freue Dich, wenn alle vor Dir zittern. Das mag sogar in Deinem Betrieb erfolgreich sein, aber Du wirst Dir damit nur ein beinhartes Umfeld erziehen.
Ich verspreche Dir aus eigener Erfahrung:
Es kommt der Tag, an dem Dein monetärer Erfolg, Deine eiserne Hand und Deine schlechte Laune Früchte trägt. Sie wuchs aus Frustration, Angst und der fehlenden Corporate. Deine Leute schleppen sich zur Arbeit und machen Dienst nach Vorschrift. Kein Verantwortungsgefühl, viele unzufriedene Kunden und innere Kündigungen reihenweise.
Und die Besten gehen zuerst. Dann die mittleren.
Und mit dem Rest gehst Du direkt in die Pleite.

Motivation in der Krise

Das schwierigste Kapitel des Themas Motivation ist die Krisenbewältigung.
Es gibt verschiedene Krisen, die wir unterschiedlich bearbeiten müssen:
Unternehmensschaden
Unternehmensspaltung
Unternehmensverlust
Tod, Krankheit

Unternehmensschaden

Jeder macht Fehler. Manche kosten wenig Geld, manche viel und manche sind bedrohlich für das Unternehmen.

Mache Dir als erstes folgende Fakten klar:

Ist die Ursache in der Organisation, im Ablauf zu sehen?

Oder der oder haben die Mitarbeiter fahrlässig, grob fahrlässig oder sogar vorsätzlich gehandelt?

Ist der Schaden durch den Mitarbeiter – oder die – reparabel?

Musst Du Dich als Unternehmer in die Reparatur persönlich einschalten, zum Beispiel in der Außenwirkung gegenüber Kunden oder Partnern?

Wer aus Deinem Unternehmen wurde von dem Fehler in seiner Auswirkung betroffen?

Ist der Fehler durch Fahrlässigkeit entstanden: wie sieht es mit der Motivation des Verursachers aus? Hat er keine Lust? Sieht er die Bedeutung seiner Tätigkeit für das Unternehmen nicht? Bringt ihm seine Arbeit keinen Spaß? Wollte er einem Kollegen oder Vorgesetzten schaden?

Wenn Du all diese Fragen beantwortet hast, schmiedet sich ein Motivationsplan von ganz allein zusammen, der den Fehler als letzten seiner Art sein lässt, den Mitarbeiter seine Wichtigkeit, seine Wirkung neu lernen lässt und die Kollegen um ihn herum zufrieden stellt.

Selbstverständlich muss einem Verursacher sämtliche Auswirkungen vollständig und dokumentiert mitgeteilt werden! Hierzu gehört die Information, wer alles im Unternehmen und auf Kunden- oder Partnerseite betroffen ist und welche Wirkungen und Gefahren hierdurch entstanden sind. Er muss dokumentiert erfahren, welche Kosten durch den Fehler ent-

standen sind und wie diese Kosten beglichen werden.
Ob er nun aus rechtlichen Gründen oder durch Deine Entscheidung für diesen Fehler monetär bezahlen muss oder nicht oder ob er eine Abmahnung erhält oder nicht:
Er muss das gesamte Ausmaß kennen lernen!
Auch die Kollegen müssen erfahren, was durch den Fehler entstanden ist. Dies dient dem Frustabbau, der Motivation zur Unterstützung zur „Heilung" des Fehlers und als Lernbeispiel.
Nehme jeden Fall ernst! Es ist die beste Gelegenheit, Ernsthaftigkeit und Sorgfalt zu erzeugen – besser als jede Belehrung!
Der Verursacher wird bei der Information über die gesamten Umstände erkennen lassen, ob eine Reue, eine Einsicht und ein Besserungswille vorhanden sind. DIESE Erkenntnis sollte über Deine Reaktion entscheiden.
Keine Reue = Abmahnung oder im Wiederholfalle Kündigung.
Reue = Danksagung für die Einsicht und Vertrauen auf künftige Vermeidung.
Der altertümliche „Anschiss" bringt IMMER das Gegenteil.

Unternehmensspaltung
Es ist modern geworden, sich von Betriebsteilen zu trennen, diese an andere Unternehmen zu verkaufen oder auch nur auszugliedern.
Dies ist für eine funktionierende Einheit in einem Unternehmen ein Einschnitt, der fast wie eine familiäre Trennung wirkt.
Mitarbeiter hegen Beziehungen zueinander, welche das organisatorische Rad des Ablaufes effektiv gestalten und für das Unternehmen gewinnbringend sind. Meistens in Abläufen, die Dir überhaupt nicht bewusst sind.
Die übrig gebliebene Einheit entwickelt Ängste, da die „Ge-

gangenen" immer in eine ungewisse – meist schlechtere – Zukunft gehen. „Passiert uns das auch bald?"
Die Gefahr, dass die Motivation abstürzt, ist hoch.

In solchen Situationen ist es immens wichtig, dass die verbliebenen Mitarbeiter einen tiefen, vollständigen Einblick in Deine Motivation für diese Entscheidung und den klaren, nachvollziehbaren Plan für diese Veränderung erhalten. Jede Frage, die in den Köpfen unbeantwortet bleibt, ist Nährboden für Gerüchte, Intrigen, Ängste und damit potentieller Schaden für Dich und Dein Unternehmen.

Informiere, zeige persönliche Nähe im Tagesgeschehen und nehme die Fragen und Ängste Ernst!

Unternehmensverlust

Das ist das schwierigste, was Du Dir vorstellen kannst und sowieso nicht vorstellen willst.

Aber bitte, stelle es Dir vor! Jeder Vertrag braucht klare „Exit-Regeln", jede Strategie einen B-Plan und jede Unternehmensplanung den Plan der Beendigung des Unternehmens.

Mitarbeiter merken sofort, wenn es dem Unternehmen schlecht geht. Da sie keine Unternehmenskennzahlen haben, stilisieren sich Indizien zu Gerüchten und Gerüchten zu Wahrheiten auf. Meistens schlimmer als die Wahrheit.

Das führt zu Fehlleistungen, Fehlentscheidungen und Verlust jeglicher Corporate in jeder Unternehmensebene.

Was ist Dein Ziel?

Insolvenz zur rechten Zeit (bitte!)? Sanierung? Schließung? Verkauf?

Meistens lassen sich Unternehmer mit solchen Gedanken von niemandem in die Karten schauen. Man hat Angst, dass etwas an Banken, Zeitungen oder den Wettbewerb durchsickert und man kurz vor der Umsetzung des Ziels noch zu-

sätzliche Schwierigkeiten bekommt.
Aber bitte glaube mir: es WIRD SOWIESO den Banken klar sein, die Zeitungen werden von irgend einem frustrierten Mitarbeiter informiert und der Wettbewerb erfährt es direkt vom ersten Mitarbeiter, der sich vor dem Showdown dort bewirbt. Und alles früher, als Du das gerne hättest ...
Sowieso!

Dies kannst Du nur dann ein wenig steuern, wenn Du Deinen Mitarbeitern Vertrauen schenkst und sie frühzeitig so weit einweihst, wie es notwendig ist.
Die Untreuen werden Dir sowieso schaden. Die Frustrierten werden sowieso Lügen und Böses über Dich und Dein Unternehmen verbreiten. Je progressiver Du heran gehst, desto weniger der Schaden.

Sogar eine Insolvenz ist eine Chance für die Mitarbeiter. Einige werden in der „weg-rationalisiert", andere an den neuen Inhaber „verkauft" und Du selbst bis auf jeden Fall weg vom Fenster. Keine Kreditkarten mehr, keine Kreditlinie mehr, Haftungsverfahren, etc. Das sollen sie wissen!

Die Motivation ist in diesem Falle nur mit kompletter, schonungsloser und zeitnaher Offenheit zu retten. Und dies Motivation ist die Chance für die Mitarbeiter, einen guten, neuen Inhaber zu erhalten, weil das Unternehmen trotz der schweren Krise gut läuft!
Damit sie Dir das glauben und mitziehen, musst Du ihnen gegenüber offen sein! Es muss ihnen klar sein, dass Du der einzig sichere Verlierer der Situation bist. Es geht ab dem Insolvenzantrag ausschließlich nur noch um die Mitarbeiter. Nicht mehr um Dich.

In solchen Situationen bieten sich haufenweise von Banken oder Wirtschaftsprüfern empfohlene – oder aufgezwungene – Berater an. Sei´s drum ... aber DU musst mit den Mitarbeitern sprechen. Niemals der Externe!

Krankheit und Tod

Längere und/oder schwere Krankheiten reißen aus Unternehmenssicht nur ein Loch im Ablauf, produzieren Frust bei Mitarbeitern durch Mehrarbeit, Auffangen von laufenden Projekten und Unkenntnis von Vorgängen.

Aber eine Krankheit hat etwas mit Leid und Schmerz zu tun. Rufe den Kranken an, schicke ihm eine Karte von Dir persönlich. Organisiere DU eine Karte mit einem netten Geschenk der Mitarbeiter (... welches DU bezahlst!). Zeige Anteil und Sorge.

Dann merken Deine Mitarbeiter, dass Dir etwas an ihnen persönlich liegt.

Das motiviert.

Der Tod eines Mitarbeiters ist eine sehr schlimme Sache, die mitten im Unternehmen passiert und doch nur wenig mit diesem zu tun hat. Die Firma wird den Verlust eines Mitarbeiters schnell ausgleichen.

Es bleibt das Persönliche, was bedrückt und jeden ohnmächtig macht. Es führt jedem Kollegen vor Augen, was eigentlich wichtig im Leben ist: Das Leben!

Plötzlich wird die Aufgabe ganz klein. Mitarbeiter erstarren – mehr oder weniger – und halten inne.

In diesem Augenblick musst Du Deine Mitarbeiter „an die Hand nehmen". Zeige ihnen, wie wichtig Dir persönlich dieser Mensch war. Welche Macken und liebe Wesenszüge Dich beeindruckt haben. Lustige Anekdoten und beeindruckende

Leistungen sollen allen vor Augen geführt werden.

Dieser Mensch war Dir wichtig und er hat im Unternehmen auch persönlich Spuren hinterlassen.

Wenn Dein Unternehmen so groß ist, dass Du ihn persönlich gar nicht kanntest, dann lasse seinen Vorgesetzten diese Rede halten (die schriftlich an alle nicht Anwesenden geschickt wird).

Sei dabei und bedanke Dich bei diesem Vorgesetzten für sein gutes Verhältnis zu dem Verstorbenen. Zeige, dass Dich dieses Verhältnis berührt und stolz macht.

Dann werden sich alle Mitarbeiter bewusst sein, dass jeder eine Spur im Unternehmen hinterlässt.

Das motiviert.

NLP

„Neurolinguistisches Programmieren"
Von manchen als Manipulation von Menschen und Handlungen verteufelt. Aber das ist vollkommener Blödsinn. Es kommt immer darauf an, was man daraus macht.
Ein Auto ist auch eine potentielle Mordwaffe, aber ich benutze es nicht so.

NLP hilft im wesentlichen bei zwei Themen:
1. Erkennen von Motivationen meines Gegenübers und reagieren mit entsprechenden Mitteln, um erfolgreich zu sein.
2. Agieren mit Strategien, um das Gegenüber in einer Wohlfühlzone zu halten und mein Ziel ohne Stress zu erreichen.

Selbstverständlich kann ich auch als NLP-Meister Menschen manipulieren. Ich kann auch Hypnose lernen und mein Gegenüber ungewollte Dinge machen lassen. Ich kann auch einen Revolver ziehen und eine Bank überfallen.
Aber ich tue dies alles nicht.
Ich will mein Gegenüber in eine angenehme Grundstimmung versetzen, ihn dort halten und für uns beide einen stressfreien Weg zum Ziel ermöglichen.

Es folgen ein paar hilfreiche Tipps, um aus der Körpersprache meines Gegenübers zu lernen und zu Vermeiden, in die Falle oder Ungnade bei Partnern zu fallen. Nicht alles ist klassisches NLP, aber ...

Das Abholen

Wenn Du im Gespräch erfolgreich sein willst, musst Du Dein Gegenüber „abholen".

Selbstverständlich brauchst Du als Geschäftsführer Deinen Mitarbeiter nicht abzuholen, wenn Du ihm kündigen oder eine Abmahnung überreichen willst. Im Gegenteil. Hierzu bitte unbedingt „Führung" lesen.

Nehmen wir an, Dein Kunde ist sauer, weil Du angeblich schlecht geliefert hast, Du besuchst ihn und er lässt Dampf ab.
Dein Innerstes schreit natürlich „was für ein Idiot, ist doch alles gut gegangen, nur ein bisschen hektisch ... was schreit er so rum ... so lasse ich mich nicht behandeln ... ich knalle ihm gleich eine ..." ... Deine Faust ballt sich schon in der Tasche und Du entgegnest, dass doch eigentlich alles letzten Endes geklappt hat und er eine Kompensation bekommen hat und überhaupt ...
Er wird nicht begeistert sein und wahrscheinlich auch nicht einlenken.
Abholen heißt, dass Du ihm zeigen musst, wie Du Dich über Dich selbst und Deine Firma geärgert hast, dass das ja gar nicht geht und wie sauer Du auf den Vorgang bist.
Kennst Du doch vom Streit mit Deinem Partner:
Wenn er/sie auf Zinne ist, nützt „Gegenhalten" überhaupt nichts ... im Gegenteil ... Aber das ist ein viel schwierigeres Thema.
Im Berufsleben und im sozialen Umfeld „zweiter Ebene" – also nicht Ehe- oder Lebenspartner, sondern alle anderen – hilft das Abholen in genau der Stimmung des Gegenübers am schnellsten, die Emotionen abzubauen und in ein konstruktives, strategisches, lösungsorientiertes Arbeiten miteinander umzulenken. Klassisches NLP und ein weites, sehr interessantes Feld. Hierzu gibt es viel Literatur und es lohnt sich als Unternehmer unbedingt, dort hineinzuschnuppern.

Beschäftigen wir uns mit den Alltagsthemen eines Unternehmers:

Du erhältst jeden Tag -zig und -hunderte Informationen. Du musst diese bewerten und danach handeln. Fällst Du auf Unwahrheiten herein, triffst Du falsche und ungerechte Entscheidungen mit manchmal schlimmen Folgen.

Erkenne also erst einmal Wahrheit und Lüge.

Erkennen der Lüge

Es gibt „Lügenprofis", die nur schwer zu durchschauen sind. Passe bei den Euphorischen und den Gestenreichen auf. Die Körpersprache ist dermaßen überladen, dass die versteckten Hinweise nur schwer erkennbar sind. Trotzdem ... Du musst ja nicht die dreißig Jahre schmerzvolle Erfahrung durchmachen wie ich.

Fangen wir mit den Basics an.

Wer auf eine Frage nach unten schaut, mit den Händen spielt und Satzfüller benutzt, wie „ich habe das schon lange vorher ... als ich das letzte Mal mit xx sprach ... " etc., der bastelt sich eine Antwort zusammen, die nichts mit der Wahrheit zu tun hat.

Nach unten schauen, kann genauso gut etwas mit Schämen zu tun haben, aber das kommt auf das Thema an.

Sieht das Gegenüber nach oben oder zur Seite, wird üblicher Weise überlegt oder strukturiert, aber nur selten gelogen.

Wenn Dir die Story irgendwie komisch vorkommt, frage nach! Schlucke nicht einfach eine Aussage, sondern versuche,

Dein alarmiertes Bauchgefühl zu befriedigen.

Das Nachfragen birgt eine im so genannten westlichen Raum unserer Erde eine weitere, wichtige Strategie der Aufdeckung von Lügen:

Ich kenne niemanden, der es schafft, drei Mal hintereinander die gleiche Lüge zu erzählen.

Natürlich benötigt man Varianten. Ein Beispiel:

Der Maschinenführer berichtet von einem Schaden an der Produktionsmaschine. Er hat natürlich alles richtig gemacht. Trotzdem muss der Schaden ja irgendwie entstanden sein. Du fragst nach seiner letzten Wartung, die im Wartungsbuch eingetragen ist. Er berichtet ausschweifend, wie gründlich und sorgfältig er gearbeitet hat.

Jetzt nachsetzen:

Frage nach Detailarbeiten. Welches Öl hat er zum Abschmieren genommen. Wo steht das Öl. Wie viel haben wir noch davon. Mit welchem Druck hat er die Schmierpunkte an den Andrucklagern versehen. Mit wem hat er die Wartung durchgeführt. Wer hat sie abgenommen.

Die Dauer der die Wartung kann nicht stimmen. Wieso ist er so schnell?

Das schnelle Antworten auf die abgefeuerten Fragen wird ihn dermaßen beschäftigen, dass er seinen Körper die Wahrheit sprechen lässt. Füße unter dem Stuhl, die Hände zusammengepresst oder vor der Brust verschränkt (Schutz), die Augen hilfesuchend umherschweifend und die Gesichtsfarbe rötet zunehmend. Das gilt nicht nur für Maschinenführer, sondern gleichermaßen auch für Prokuristen und Vertriebsprofis.

Inhaltlich wird es sehr viel schwieriger.

Ein Verkäufer, Kunde oder Geschäftspartner – besonders in einer Startphase – wird Dir selbstverständlich versuchen, sein Produkt, die Geschäftsidee oder die Zusammenarbeit in den schönsten Farben zu verkaufen. Das ist sein Job und das ist gut so.

Je mehr man Dir erzählt, desto eher verdeckt er einen Haken. Todsicher.

Wenn Du einhakst, um die versteckten Mängel und/oder Gefahren zu entlarven, wirst Du zwei Typen begegnen:

Der eine wird immer wilder, versucht immer überzeugender zu wirken, beschönigt immer mehr. Du wirst einen solchen Typen nicht stoppen können. Ist auch nicht notwendig. Er verrät sich immer mehr selbst. Denn Du bekommt immer mehr Fakten, die Du nachprüfen oder die Du mit Deinem Bauchgefühl auf den Prüfstand stellen kannst.

Der andere wird auf Dich einschwenken und Deine Bedenken detailliert mit Dir besprechen. Wem traust Du mehr?

Ich hatte in einer beruflich sehr schwierigen Lage einen so genannten Freund, der mir seine Produkte zum Verkaufen anbot. Ich sollte einige Systeme sogar „fast" kostenlos bekommen und somit meine Lage schnell verbessern. Er wollte mir ja nur helfen. Er „verkaufte" mir den Erfolg seiner Produkte und den so einfachen Markt so blumig, dass mir schlecht wurde. Aber ich musste sein „Angebot" annehmen.

Nach und nach fand ich heraus, dass
- die Produkte veraltet und unsicher waren, und dass er seinen Lagerbestand unbedingt loswerden musste.
- er den Markt seit nachweislich einem Jahr komplett vernachlässigt hatte und alle bestehenden Kontakte kalt waren. Mehr noch: sein Ruf im Markt war inzwischen ruiniert, weil er sich nicht bei den Interessenten gemeldet hatte, keine versprochenen Angebote schrieb und Reklamationen ausgesessen hatte.
- er inzwischen ein wesentlich verbessertes Produkt erzeugt

hatte, welches er im gleichen Markt anbot.
Als ich ihn nach und nach mit meinen Erkenntnissen konfron-
tierte, wurde er immer saurer und beschimpfte mich. Wir
trennten unsere geschäftliche Partnerschaft leider auf hässliche Weise. Viel Zeit, viel Arbeit und viel Frust investiert. Für
nichts. Meine Dummheit, aber frühzeitig bemerkt und mehr
verhindert!

Körpersprache der anderen

Im Sitzen habe ich die Augen, die Gesichtsfarbe und die
Hände zur Verfügung. Natürlich vor allem die Sprache und
den Inhalt.

Im Stehen gibt es noch weitere Zeichen für Lügen und Un-
wohlsein.
Stehst Du mit einem Menschen zusammen, werfe einen Blick
auf seine Füße:
Der Fuß, der weiter von Dir entfernt steht zeigt auf die Richtung, in der Dein Gegenüber will. Zeigt er in Richtung Aus-
gang, beende das Gespräch, wenn es ein Kunde oder Geschäftspartner ist. Oder ein Mitarbeiter, den Du ihn beharrlich
von seiner Arbeit abhältst ...

Verschränkte Arme vor der Brust sind grundsätzlich eine
Frechheit.
Zum einen dienen sie als Schutz vor Dir und zum anderen
zeigen sie, dass Du ihn schon entlarvt hast und direkt davor
stehst, ihn zu maßregeln. Yippeeeh ...

Sitzt Du vor einem Gesprächspartner, kannst Du seine
„echte" Stimmung leicht herausfinden:
Lehne Dich zurück. Beugt er sich jetzt vor, will er etwas von

Dir. Er traut sich und „setzt nach". Beugst Du Dich vor und er lehnt sich zurück, geht er in Deckung, „läuft weg". Jetzt setzt Du nach. Aber Vorsicht: Du kannst körperlich schnell bedrohlich wirken! Nur leicht angedeutet einsetzen!

Beugst Du Dich vor und er verharrt oder kommt Dir gar entgegen, ist dies üblicherweise ein gutes Zeichen – je nach dem, wie weit ihr voneinander entfernt seid. Es kann natürlich auch sein, dass er einen „Kampf" aufnimmt. Aber das wird in genau dem Moment stimmlich unterstrichen.

Deine Körpersprache

Wir gehen davon aus, dass Du bereits Unternehmer bist und mit Mitarbeitern und Partnern hantierst.

Deine Körpersprache macht 50 % Deines Anfangserfolges aus.

Betrittst Du einen Raum, hast Du drei bis fünf Sekunden Zeit, die Situation und die Stimmung zu erfassen und Deine Präsentation entsprechend einzustellen. Die anderen werden Dich in dieser Zeit ebenso taxieren und „einordnen".

Es ist wichtig genau zu wissen, wer mir begegnet. Wie ist die Rangordnung in der Gruppe der Besucher oder Gesprächspartner. Wen begrüße ich wie zuerst.

Ich habe es immer als sehr angenehm empfunden, wenn ein Vorstand eines multinationalen Konzerns mich mit Handschlag und einem freundlichen Kopfnicken begrüßte, mir in die Augen sah, frontal zu mir stand und eine normale Stimme hatte. Sei genauso!

Hast Du üblicherweise einen sehr festen Händedruck und weißt dies von Freunden? Verringere diesen unbedingt!

Selbst ein kräftiger Mann empfindet dies als Erniedrigung und wird Dich entsprechend einordnen.

Wenn jemand Dich begrüßt während Du sitzt, stehe auf. Auch ein „kleiner" Mitarbeiter hat Deinen Respekt verdient. Er wird es Dir mit Loyalität danken (nicht nur, weil Du aufstehst ...).

Der erste Eindruck bestimmt die Welle, auf der das Nachfolgende reitet. Du kannst eine offene und positive Gesprächs und Verhandlungsaufnahme gestalten, indem Du Dich entsprechend von der ersten Sekunde an präsentierst.

Präsentation:
Ganz schlimm für die meisten Menschen ...
Ich halte gerne Seminare über Präsentationen, denn dies kann man nur in der Praxis üben und Sicherheit gewinnen. Aber das freie Sprechen vor vielen Menschen bereitet den meisten Ängste vom Feinsten.

Ich hatte viele Verkäufer in meiner Zeit in Deutschland. Mein bester war ein kleiner, hagerer Horst aus Westfalen. Perfektes Produktwissen, extrem fleißig und eine phantastische Abschlussquote – auch bei fast aussichtslosen Interessenten. Eines Tages spendierte ich ein Training bei dem besten Management-Trainer, den es meiner Meinung nach im Deutsch sprachigen Raum gibt: Rudi Beljean (er ist leider längst pensioniert es weiterhin „Beljean-Training" - lohnt sich!). Das Training sollte für meine besten Verkäufer Sicherheit bei der „Freien Rede" bringen. Rudi war ein Meister darin, jedem Trainee seine Persönlichkeit zu lassen, diese zu fördern und jeden nach dem Training mit einem besseren Gefühl zu sich selbst zu entlassen.
Es ging für meinen armen, hageren Horst gründlich daneben.

Der Mann, der jedem Bleiwesten für einen Schwimmwettbe-
werb verkaufen konnte, war nicht in der Lage, vor den eigenen Kollegen (OHNE Geschäftsleitung!) sein eigenes Produkt zu präsentieren. Er bekam Schweißausbrüche, zitterte
am ganzen Leib und brach in Tränen aus.
Wir schafften trotzdem gemeinsam eine Strategie, wie er
schließlich doch vor einer Menge Menschen prima sprechen
konnte. Denn schließlich hatten wir auch Kunden, die nicht
einzeln agierten sondern man auch Präsentationen vor
einem Team machen musste. Horst war uns dann auch über-
aus dankbar.

Kannst Du problemlos vor vielen sprechen? Bist Du überzeugend, angenehm und spannend? Klasse!
Lese trotzdem weiter.

Selbstverständlich bist Du erstklassig vorbereitet. Auch auf
Zwischenfragen. Du bist DER Profi und alle wollen Deine Inhalte kennen lernen.
Du betrittst den Raum, die Bühne, stehst im Licht oder zumindest sehen alle jetzt nur auf Dich. Es sind Befürworter
und Ablehner dabei – völlig egal. Es geht jetzt nur um Dich
und Dein Thema. Du bist locker und natürlich. Und Du hast
jede Bewegung, jedes Wort und jeden Zuhörer vollkommen
unter Deiner Kontrolle.
Wenn Du dieses Gefühl und diese Überzeugung hast, wird
Dein Körper dies von ganz allein erzählen. Man wird spüren,
dass DU da bist und alles im Griff hast.
Du stehst aufrecht und der Boden unter Deinen Füssen wim-
mert vor Ehrfurcht, dass er Dich tragen darf ...

1. Hände ... sehr schwierig ...
NIEMALS in die Hosentaschen stecken! NIE! Auf gar keinen

Fall! Eine größere Ignoranz könntest Du nicht zeigen ...
Die Hände gehören auch nicht hinter den Rücken. Schließlich bist Du kein Soldat auf Wache.

Vor Dein sicherlich schützenswertes Geschlecht gehören sie ebenfalls nicht. Nach dem Blick in Deine Augen sieht man auf Deine Hände, die den Zeigestock führen, auf etwas deuten und mit Gesten Deine Worte unterstreichen. Man soll Deinen Händen aber sicher nicht zu Deinem „Mitte" folgen ... nein, das willst Du auch nicht.

Spiele auch nicht mit einem Kugelschreiber, Deiner Brille oder Papieren. Deine Hände sind gefälligst leer, weil Du schließlich auch frei sprichst, gelle?

Also wohin mit den Händen? Das ist die hohe Kunst beim Präsentieren: Einfach locker an der Seite fallen lassen. Du meinst, das sieht blöd aus, ist es aber nicht!

Jetzt kannst Du leicht und kontrolliert mit Gesten arbeiten (niemals mit dem Zeigefinger!). Übe das vor dem Spiegel, vor Deinem (privaten) Partner oder mit Deinem besten Freund. Es ist furchtbar schwer, aber es geht und es zeigt Deine Selbstsicherheit.

2. Jackett / Blazer... es muss im Stehen auf jeden Fall geschlossen sein! Wenn es nicht geht, weißt Du, was Du zu tun hast, gelle? (Neukauf oder abnehmen ... ich weiß ...)

3. verstecke Dich nicht hinter einem Pult. Zeige Dich. Brust raus, Schultern zurück und fallen lassen. Stimme normal. Sätze kurz. Mache Pausen zwischen den Sätzen! Lasse das Gesprochene wirken, verarbeiten, sacken.

Wechsle zwischen den Präsentationsmitteln. Am besten: sind 50 % Du allein (Projektor aus!) und 50 % mit wechselnden Medien. Wechsle Deine Position, gehe im Raum umher – so müssen Dir die Zuhörer folgen und es bleibt spannend.

... und stecke Deine Hände niemals in die Hosentaschen ...

Was hat das mit NLP zu tun?
Mit Deiner Körpersprache, Deinem Vorgehen bei einer Präsentation bringst Du die Zuhörer dazu, Dir vollständig zu
folgen. Du sprichst nicht nur das sachliche seines Gehirns
an, sondern auch die Emotionen.
Sie WOLLEN Dir mit den Augen und den Ohren folgen. Sie
wollen auf den nächsten Gag warten. Sie wollen Dir nicht nur
zuhören, sondern Dich auch mit (fast) allen Sinnen erleben.
Je vielfältiger Du sie begeisterst, desto eher werden sie Dir
folgen.

Sprachliche Zeichen

Jeder spricht anders. Sprache wird von den Eltern geprägt
und verändert sich nur marginal. Eingeübte Floskeln und
Sätze sind vom sozialen und beruflichen Umfeld erlernt –
manchmal furchtbar daneben.
Hast Du schon einmal eine Tonaufnahme von Dir hören
können, von deren Aufnahme Du nicht wusstest? Das wäre
toll! Selbst wenn Du mal gefilmt wurdest, wenn Du einen
Vortrag hältst, wäre das sehr hilfreich.
Wenn nicht, versuche das irgendwie zu arrangieren. Du wirst
staunen, welchen Unsinn Du in Deine Sätze einbaust, die
nicht notwendig sind oder welche peinlichen Bewegungen Du
vollziehst.
„..., nä/nich/oder/woll?"
„... ähm ... äh ..."
„... sozusagen ..."
„... eigentlich ..."
„... also ..."
Ist das nicht grausam?

Versuche Deinen Satzbau ohne diese Füllwörter zu gestalten. Das ist gar nicht schwer. Man braucht nur Ruhe und die Überlegung, was man sagen will, VOR dem Öffnen des Mundes!
DAS, mein lieber Freund, ist die hohe Kunst des Redens.
Die ganzen Sprachtrainer und selbst ernannten Berater – ich hatte einige kennen lernen dürfen – vergessen das wesentlichste: Wenn Du von Dir und Deinen Inhalten überzeugt bist, brauchst Du diese Füllwörter nicht und sprichst ruhig und flüssig, angenehm und vor allem: überzeugend. Das bedeutet, dass Dein Sprachtraining deutlich vor der Rede beginnt: bei der Vorbereitung!

In meinem Meeting-Raum hing irgendwann ein großes Schild mit der Aufschrift des Wortes, welches ich strikt verboten hatte:
„EIGENTLICH"
Versuche mal selbst OHNE dieses Wort einen Sachverhalt, eine Idee oder eine Strategie zu argumentieren. Es ist sehr schwer. Führt aber dazu, dass man sich wesentlich konkreter ausdrücken muss. Wer das Wort häufig benutzt, ist selbst von seiner Idee nicht besonders überzeugt! Er sucht Verbündete.
Wenn Du das Wort vermeidest, wird es Deinem Gegenüber viel schwerer fallen Dir zu entgegnen.

Tipp: schaue Dir den Meister aller Redner, unseren ehemaligen Bundeskanzler Helmut Schmidt auf Youtube an.

Networking

IHK, AHK, Uppsalla ...

Networking as it is

„Frische" Unternehmer sind mit sehr vielen Dingen beschäftigt. Ihr Tag ist komplett ausgefüllt und abends kreisen alle Gedanken noch um die Firma.
„Jetzt soll ich noch auf eine Veranstaltung, um irgendwelche Leute kennen zulernen, von denen ich nicht weiß, ob die jemals Kunde werden ... ? ..."
Nach einem 12-14-Stunden Tag bist Du platt und freust Dich auf häusliche Erholung. Das ist aber leider nicht genug!

Ob Du Dir Verkaufsmitarbeiter leisten kannst oder nicht: DU hast DIE Networking-Aufgabe. Networking bedeutet, dass Du Dich bei allen möglichen Leuten aus Branchen und Institutionen bekannt machst.

Mehr noch: Du lernst Leute kennen, die vielleicht genau Dein Unternehmen gesucht haben ODER jemanden kennen, der genau Dein Unternehmen sucht. Das ist eine wesentlich größere Chance, an Aufträge zu kommen, als irgend ein sonstiges Marketing-Instrument.

Am einfachsten und sinnvollsten beginnst Du Dein Networking bei den Kammern und Verbänden.

Die IHK und AHK veranstalten viele kleine und große Treffen mit kleinen Vorträgen von Teilnehmern und / oder Gastrednern. Das wichtigste ist hinterher am Buffet und bei den kleinen „Quatschrunden" miteinander zu sprechen.

So kannst Du innerhalb eines Abends zehn oder dreißig Visitenkarten von neuen Zulieferern, Kunden oder Beratern einsammeln, die dir IRGENDWANN einmal wichtig werden könnten.

Auch die anderen haben Deine Visitenkarte und berichten deren Freunde und „Networkers" von Dir und Deinen Leistungen.
Und plötzlich kommt ein Anruf, der Dir und dem Anrufer Freude bereitet ...

Marketing

Dieses Thema steht unter „Networking", weil es die simpelste, teuerste und am schwersten zu bewertende Methode ist, an Aufträge und Kunden zu kommen.

Marketing umfasst alle Maßnahmen, Dein Unternehmen bekannt zu machen.
Es fängt bei einer Erstellung des „Corporate Design" – dem Unternehmensgesicht – an, geht über aktive und passive Werbung und endet beim Vertrieb.
Jede Firma hat unterschiedliche Möglichkeiten und sollte diese seiner Branche, Größe und Möglichkeiten anpassen.

Dein MBO eines Unternehmens mit einem Massenprodukt hat eine völlig andere Marketing-Aufgabe als Deine Übernahme des Handwerkbetriebes, welches regional arbeitet.
Beides hat aber die gleiche Bedeutung für den Erfolg Deines Unternehmens. Geschäft fängt mit Werbung an. Ohne Werbung kein Geschäft.

Wie kommst Du mit Marketing an Kunden?

Mache Dir zuerst einmal folgende Gedanken:

- ➤ **WO** sind Deine Kunden und wo willst Du wirtschaftlich sinnvoll verkaufen? Gemeint ist die regionale Verteilung. Entfernungen bedeuten Zeit und Kosten!

- ➤ **WER** sind Deine Kunden? Unterteile drei Kategorien:
  a. Kunden mit regelmäßigen, guten Umsätzen mit guter Marge.
  b. Kunden mit regelmäßigen, kleinen und mittleren Umsätzen und mittleren bis guten Margen.
  c. Kunden, die nur einmalig oder selten beauftragt haben und wenig Marge gebracht haben.
  d. Sondergruppe: Kunden, die einmalig beauftragt haben und gute Marge brachten. Diese hast Du offensichtlich sträflich vernachlässigt, Du Schlingel!
  Hast Du eine solche Gruppierung erstellt, weißt Du, in welche Gruppen Du welches Marketing-Budget stecken musst.
  Du wirst wahrscheinlich staunen ...

- ➤ **WIE** suchen Deine Kunden neue Lieferanten? Schreiben sie aus dem Internet –zig Lieferanten an? Kaufen die nur bei bekannten Unternehmen (Networking!)?

- ➤ **WELCHE** Kriterien führen zu den Entscheidungen Deiner Kunden? Kaufen die Deine Produkte nur nach Preis? Ist die Qualität, Produktivität oder gar Image (Handwerk!) entscheidend?

- ➤ **WAS** soll Dein Interessent über Dein Unternehmen und Dein Produkt lernen? Hast Du ein Produkt, welches stark vergleichbar und allgemein bekannt ist oder hast Du etwas besonderes? (bitte!)

Wir gehen davon aus, dass Du ein Logo, Firmenfarben und eine Definition des Designs für Deine Außenwirkung hast. Das ist für JEDEN Unternehmer unabdingbar. Für den Berater, den Handwerker und den Produzenten gleichermaßen. Wenn Du Dir über die oben stehenden Fragen Klarheit verschafft hast, kannst Du verschiedene Maßnahmen wählen:

Flyer verteilen
Lohnt sich sehr gut in regionaler Kundschaft wie Handwerk und Beratung. Hausverteilungen, Verteilung an Firmen (direkt an Einkäufer, Geschäftsleitung, Inhaber über die Sekretariate), Läden, Supermärkte (Pinwände), Frisöre (sehr wichtig!), Systemlieferanten (Möbelhäuser, Ladenbauer, etc.), Flyer sollten mindestens semi-professionell von einer Druckerei erstellt werden, aus einer zweimal quer-gefalteten A4-Seite (Z-Falz) bestehen und eignen sich auch für Messen, Networking-Veranstaltungen und Hausausstellungen gut.

Anzeigen in Zeitungen, Magazinen und sonstigen Printmedien schalten.
Diese Methode war genau bis zum Jahr 2000 treffsicher und erfolgreich. Printmedienwerbung auf Anfragebasis brach innerhalb eines halben Jahres um rund 50 % ein und man entdeckte das Internet, Google und Co. Für die Printmedien eine fatale Änderung deren Kundenstruktur. Heutzutage ist Anzeigenwerbung in Glanz-Magazinen eine reine Image-Kampagne und bezüglich des Werbeerfolges kaum messbar. Erfolgreich sind Kleinanzeigen in regionalen Zeitungen, regionalen überregionalen Internetportalen einer Region oder eine Branche. Diese sind kostengünstig und mit einer kleinen Nachfrage leicht messbar.

Homepage

Auch wenn es um eine Ein-Mann-Dienstleistung oder Handwerk geht: bitte schaffe Dir unbedingt einen leckeren Internet-Auftritt!

Es muss dabei überhaupt nicht professionell, bunt, wirres
Zeug mit Bewegungen und Knalleffekte sein. Bitte nicht!

Ich lese mir lieber eine knackig kurze Beschreibung eines
Unternehmens, seiner Produkte und Möglichkeiten mit klaren
Strukturen durch als mich vom „Augenpulver" so mancher
Creativ-Design-Werbefuzzi-Spinner ärgern zu lassen.

Wichtig: Melde Deine Homepage bei Google an, ändere mindestens einmal die Woche auf der ersten Seite irgend etwas
und definiere die Schlagworte, welche von den Web-Crow-
lern von Google und Konsorten aufgeschnappt werden.

So kommst Du recht gut nach oben im Ranking bei den Tref-
fern der Suchmaschinen.

Prospekte

Ein Image-Prospekt sollte das Unternehmen zeigen und Pro-
dukt-Prospekte bei Bedarf hinzugelegt werden können. Das
Design überlässt Du bitte echten Profis. Lasse Dir von den
Unternehmen Beispiele zeigen: alle haben mehr oder weniger einen bestimmten Stil. Dir muss etwas so richtig gefallen!
Zeige auf ein Beispiel und sage: Das will ich! Das spart Geld
und Zeit.

Diese Prospekte verteilst Du an Mitarbeiter, Deine Kunden,
Networking-Kontakte, Verbände und Kammern und Deinen
Bänker!

Direktwerbung

Als Direktwerbung bezeichnet man Werbeschreiben an
Kunden eines eigenen oder gekauften Adressbestandes. Die
Direktwerbung unterliegt inzwischen gesetzlichen Restriktio-

nen: Man muss sich „eigentlich" eine Genehmigung des Adressaten einholen, diesen überhaupt per Brief, Mail oder Fax anschreiben zu dürfen.
Für eine überhaupt erfolgreiche Direktwerbung gilt es unbedingt, einen professionellen Texter zu beauftragen, der sich in der „Sprache" Deines Kundenkreises auskennt. Kurzer, prägnanter Text und Bilder, die den Leser fesseln und animieren, Dich anzurufen.
Die Reaktions- oder auch Rücklaufquote beträgt im Mittel 0,5 - 3 % der Versandmenge. Die Kosten belaufen sich in so genannten Package-Preisen auf € 1 bis € XX.

Beispiele:
Ein einfacher Werbebrief wird von vielen Kunden ungelesen in die „Ablage P" (Papierkorb) geworfen. Rücklaufquote 0-0,5 % und oftmals auch Anweisungen, keine Werbung mehr erhalten zu wollen. Diese Kosten kann man sich sparen: 1.000 Briefe für € 2 = € 2.000 sinnlos verpufft.

Ein Werbebrief mit einem Beispiel hat eine Rücklaufquote von 3-8%. Eine Baumschule verschickt einen Setzling, ein Zimmermann ein Mini-Werkzeug, Ein Maschinenhersteller ein Messgerät.
1.000 Briefe für € 8 = € 8.000 und 50 Rückläufer mit 10 Kunden ... rechne selbst.

Einladungen zu Veranstaltungen
Einladungen zum Bundesliga-Spiel in der Lounge bringen viel Freude, aber keine Aufträge.
Veranstaltungen mit gezielten Informationen, einem erstklassigem Buffet oder deftige Gulasch-Kanone, Fahrservice und einen netten Drink wirkt sehr viel mehr.

Aktionsangebote

Aktionen sind ein gutes Mittel, um Kunden von einem anderen Wettbewerber abzuwerben, die Branche nervös zu machen und eine gewisse Marktmacht zu demonstrieren. Allerdings musst Du Dir genau überlegen, ob Du Geschäfte zu Null-Margen machen willst, denn Preise bei Folgegeschäfte wieder hoch zu bekommen ist ein Märchen und klappt nie.

Hast Du eine Telefonnummer, eine Mailadresse, ein Faxgerät zuverlässig mindestens in den normalen Arbeitszeiten besetzt? Weiß die Person, was Dein Unternehmen tut, hat und will, kann sie grundlegend informieren und vor allem weiß sie, wie sie mit Kunden umzugehen hat? Das ist wichtig!

Bitte, bitte engagiere einen Profi, der sich um all diese Dinge kümmert, wenn Du selbst hierfür keine Zeit oder / und keine Kenntnisse hast. Diesen Leuten gehen diese Aufgaben sehr schnell von der Hand, sie wissen genau, was Deinen Kunden oder Interessenten reizt und sind sehr gut investiertes Geld!

Lieber einen guten, kleinen Flyer, kleine Auflage, weniger Seiten als schlechte Farben, schlechtes Papier, viel zu viel Text und keine Aussage, die den Leser langweilt. Das gilt auch für den Internet-Auftritt, die Produktblätter und überhaupt alles Marketing-Aktivitäten.

Bitte, bitte investiere sinnvoll, aber reichlich in Marketing! Da fängt der Umsatz an. Ohne Marketing – kein Gewinn. So einfach ist das.

Finanzfreunde

Lustiges Wort, oder?
Es ist ja auch ein Widerspruch in sich. „Finanzen" und
„Freunde" geht nicht in persona.

In der Vorbereitung Deines MBO oder deiner Gründung wirst
Du viele Menschen um Dich haben, welche Dir sagen, dass
die Finanzen das wichtigste im Unternehmerleben sind.
Aber Du als Unternehmer sollst ja unternehmen. Das heißt
Mitarbeiter führen, Kunden und Partner gewinnen, Produkte
entwickeln, Strategien umsetzen und und und ...
Daher brauchst Du für Finanzen Berater und Partner.
Die entlasten Dich und haben alles unter Kontrolle.
... und kosten Geld ...

Alles Blödsinn.
Wenn Du als Unternehmer Deine Finanzen nicht selber
regeln kannst, bist Du keiner.
Was Du brauchst, ist ein erstklassiger Buchhalter. Ein unan-
genehmer, unsozialer, brutaler, blöder Buchhalter.
Ich hatte so einen. Natürlich war er nicht unsozial und blöd.
Aber alles andere stimmt schon mehr oder weniger.
Und er war der beste Mitarbeiter, den ich hatte. Danke Jens!

Ein guter, kreativer (!) Steuerberater ist ebenfalls opportun!

Also:
Wirtschaftsprüfer, Anlageberater, Finanzberater, Steuerberater, Anwälte, Banken, ... alle haben ein jeweiliges Wissen und
eigene Ziele. Niemals Deine!
Oder jedenfalls nur sehr selten ...

Hüte Dich also vor den ganzen so genannten Finanzfreunden, die ja so erfahren und so professionell sind! JEDER hat seine eigenen Erfahrungen, hat seine eigenen Fehler gemacht und verfolgt seine eigenen Prioritäten.

Ich habe Finanzfreunde kennen gelernt, die Meister des Steuersparens sind. Eigentlich waren es Meister des Steuerbetruges.
Ist ja auch ein typisch deutscher Volkssport geworden: das Finanzamt über's Ohr hauen zu wollen, Steuern sparen, Geld verstecken, schwarze Umsätze machen.
Hüte Dich davor!
Bitte behalte meinen Rat immer vor Augen:
Keine Gläubiger und keine Mafia ist derart konsequent in der Liquidation seiner Forderungen wie der Fiskus!
Und jetzt erschrecke ich Dich vielleicht ...: zu Recht!

Wir regen uns über Schlaglöcher auf, sinnlose Brückenbauten und hässliche Kunst auf Gemeindeplätzen, faule Volksvertreter und schlechte Bildung unserer Kinder.
Aber wir haben vollkommen den Blick für die Errungenschaften und Selbstverständlichkeiten unsere Staates mit seinem Finanzsystem verloren:
Funktionierendes Rechtssystem, sehr gutes Straßennetz und Öffentliche Verkehrsmittel, funktionierende Verwaltung und vergleichsweise saubere, entmüllte und geregelte Landschaft.
Wer schon einmal im Außereuropäischen Ausland gelebt und gearbeitet hat, wird Deutschland in den Himmel loben (Schweiz, Österreich, Niederlande, Belgien, Luxemburg, Skandinavien natürlich auch).
Ich zahle überzeugt und gerne Steuern.

Ich habe Finanzfreunde kennen gelernt, die finanzkräftige Freunde für so genannte „Private Equities" haben und Dir einfache, schnelle und problemlose Darlehen zu horrenden Zinsen vermitteln.

Glaube mir: diese Freunde verdienen einen gehörigen Teil Deiner gezahlten Zinsen ... und der Partner geht Dir nach kurzer Zeit mit eigenen Ideen und Störungen gewaltig auf den Zeiger. Oder schlimmer noch ...

Ich habe Finanzfreunde kennen gelernt, die meine gesamte finanzielle Strategie kreieren wollten. Sie begleiten Dich zu Gesprächen bei den Banken, dem Unternehmensverkäufer (beim MBO), vielleicht sogar zu Produktpartnern, mache tolle Präsentationen und beeindrucken Dich durch deren Erfahrung und Präsenz.

Und Du merkst nicht, dass Deine Partner Dich am Auftreten Deines Finanzfreundes bewerten und klassifizieren. Hast Du das Renommé Deines Finanzfreundes geprüft? Wahrscheinlich nicht.

Grundlagen der Finanzen

Es gibt ein paar Finanz-Regeln, die Du in Deinem Startup oder MBO befolgen musst:

Wenn Du in der glücklichen Lage bist, genügend Kapital für Dein MBO oder Startup zu haben, ist das zwar prima, aber lies sicherheitshalber das folgende trotzdem.

Du brauchst Geld für:
- den Kaufpreis
- „working Capital" = Geld, um Fixkosten (Mieten, Betriebskosten) und Investitionen in Waren, Anlagevermögen und

Gehälter zu zahlen, bevor Geld von Kunden hereinkommt. Siehe auch „cash flow".

In den Verhandlungen für ein MBO will der Verkäufer des Unternehmens oder Teil des Unternehmens, welches Du übernehmen willst, so viel Geld wie möglich haben. Du willst hingegen so wenig wie möglich bezahlen.

Nehmen wir an, Du kennst den Kaufpreis (hierzu näheres später), das benötigte Kapital für den Betrieb (working kapital) und hast diese Summe nicht zur Verfügung, kommen die so genannten „Finanzfreunde" ins Spiel.

Wie generierst Du cash?
Es gibt im wesentlichen vier Möglichkeiten:

Private Equity
Private Finanzgeber aus dem persönlichen oder fremden Umfeld. Menschen, die Dir Geld zu Zinsen und oft Anteilen leihen, aber keine operativen Funktionen im Unternehmen haben.
Die Zinsen hierfür können von 0 bis 30 % gehen. Alles über 10 % jage sofort zum Teufel!
Mache klare Verträge mit fixen Rückzahlungen und „Exits" – also Ausstiegsklauseln, wenn man sich mit den Darlehensgebern verkrachen sollte. Denn: diese wollen immer nahen Einblick in die Zahlen haben. Verhindere das unbedingt!
Für solche Darlehen haftest immer Du allein und nicht das Unternehmen. Solltest Du einen Dummen finden, der dem Unternehmen und nicht Dir persönlich das Darlehen gewährt – Glückwunsch ...

Beteiligungen

Ich halte eine ordentliche Beteiligung mit einer Kontrollfunktion und einem vereinbarten Ausstieg immer für besser, als reine Darlehen.

Solche Beteiligungen gehen von „Still" bis zu operativen und/oder konstruktiven Beteiligungen.

Es gab hierzu eine Sendereihe „Höhle des Löwen", in welcher Startups ihre Ideen vorstellten und um Beteiligungen warben.

Ich war immer völlig erstaunt, wie dumm manche Jung-Unternehmer waren, indem sie Beteiligungen ausschlugen, weil sie Kontrolle und Gewinnminimierung scheuten.

Ein Beteiligter, der sein Netzwerk, sein Unternehmen oder nur seine Professionalität zur Verfügung stellt, kann für Dein Unternehmen nicht nur ein entscheidender Gewinn, sondern die Verhinderung des Untergangs sein.

Lasse einen Profi ruhig Kontrolle – nicht Entscheidung! – an Deinem Unternehmen haben. Soll er ruhig in den ersten drei Jahren sein Kapital plus 30 % erzielen und Du verdienst nur dein GF-Gehalt. Besser und schneller kannst Du nicht erfolgreich sein.

Wie findest Du aber den richtigen Partner?

Es gilt, einen Anbieter von Geld und Operativem bezüglich seiner Motivation zu prüfen. Hierfür bist Du der denkbar schlechteste Gesprächspartner, denn Du bist emotional Deinem Unternehmen verhaftet und nicht objektiv. Sorry.

Suche Dir einen Profi, dem Du vertraust und der einen Partner auf Herz und Nieren prüfen kann. Schaue beim Anbieter nicht auf den Namen oder Empfehlung von Bekannten (diese sind nicht prüfbar!). Nehme keinen Bank- und schon gar keinen Anlageberater aus deinem Bekanntenkreis!

Nehme keinen aus dem Anzeigenteil Deiner Heimatzeitung.

Gehe zur IHK oder AHK und frage Deinen Berater dort. Die haben die besten Beziehungen.

Frage Deinen Steuerberater. Er hat üblicherweise ein Netzwerk, dessen Finanzkraft und Kontinuität er KENNT.

Banken

Auch wenn der Ruf der Banken derzeit nicht gerade der Beste ist – ich erwähnte es schon ... – diese sind durchaus mit ins Kalkül zu ziehen.

Banken haben ausreichend Kapital zur Verfügung. Es ist deren Geschäft, dieses zu verleihen. Es gibt KEINEN Bänker, der Dir ins Geschäft quatschen oder Dir irgendwelche hilfreichen Ratschläge geben kann. Er kommt günstigsten Falles einmal im Monat zum Kaffee vorbei, bespricht mit Dir deine BWA´s (Betriebswirtschaftlichen Auswertungen), schaut sich gerne Deinen Betrieb an und geht schnell wieder, bevor Du ihn irgend etwas fragen kannst.

Jedenfalls solange Du keine finanziellen Probleme hast ...

Eine Bank ist ein sehr angenehmer Finanzfreund und kann Dir aus eigenem Interesse mit dem größten, finanziellen Netzwerk helfen, welches es gibt. Er kann andere Banken hinzuziehen, wenn Du Kapital brauchst, kann Dich mit anderen Finanzpartnern vernetzen und sogar Kunden bringen. Die Zinsen sind vergleichsweise niedrig und die Kommunikation ist einfach.

Es gibt allerdings ein paar Dinge, die ich aus eigener Erfahrung unbedingt zur Beachtung bringen möchte:

1. Sorge selbst dafür, dass die Kommunikation mit Deiner Bank oder Banken immer sehr gut ist. Auch wenn Banken nach einem „Schema F" vorgehen müssen – letzten Endes

entscheiden doch Menschen über Vorgänge. Die solltest Du kennen und diese Dich!

2. Habe mindestens zwei unterschiedliche Banken als Partner!

Und wenn diese beiden zufällig zusammen gehen, suche sofort eine weitere! Verteile Deine Kreditlinie auch auf die Banken zu möglichst gleichen Teilen. Nehme aber nur EINE in Anspruch. Auf keinen Fall Kapitalbedarf gleichmäßig verteilen!

3. Banken wollen Haftungen verteilen.

Brauchst Du eine Kreditlinie von Deiner Bank, übernimmt eine Bürgschaftsbank üblicherweise 60-80 % die Haftung hierfür. Diese berechnet hierfür Gebühren, welche nicht niedrig sind.

Die Bürgschaftsbanken wollen deine selbstschuldnerische Haftung über die gesamte Summe haben. Mache das nicht!

Deine Bank will deine selbstschuldnerische Haftung über den Rest haben. Mache das nicht!

Sie werden Dir weis machen, dass das normal und üblich ist und dass der Unternehmer schließlich für die Darlehen haften muss. Das ist weder normal noch erforderlich.

Sollte Deine Bank Deine Haftung wollen, drohe mit der Kündigung Deines Kontos und dass Du Dich an eine andere der vielen Banken auf europäischer Ebene wendest. Du wirst staunen!

Erstens gibt es reichlich Banken, welche Linien ohne Haftungen des Unternehmers bis zu einer bestimmten Höhe vergeben (daher mehrere Banken!) und zweitens bist Du andernfalls im Falle einer Insolvenz komplett im „Beckenboden".

Finanzierung durch den Verkäufer

Wenn ein Unternehmen ein Business durch ein MBO los werden will, kann es für ihn steuerlich und strategisch außerordentlich interessant sein, diesen MBO auch selbst zu finanzieren.

Aber Achtung: der Verkäufer ist ohnehin ein Jahr nach dem MBO zur Rückabwicklung verpflichtet, wenn Verfahrens- oder Vertragsfehler aufgedeckt werden sogar auch, wenn das MBO wirtschaftlich nicht erfolgreich ist! Er wird höchst daran interessiert sein, dass der MBO erfolgreich läuft. Die Frage nach einer Finanzierung ist also obsolet. Oftmals sind diese Finanzierungen zinslos.

Nachteil: Du kommst immer noch nicht von dem vorherigen Unternehmen los. Den Wert dieser Abnabelung kannst nur Du selbst bestimmen.

Kaufpreisfeststellung

Üblicher Weise wird der Kaufpreis für ein MBO im so genannten Asset-Deal dargestellt. Es werden hierfür folgende Werte festgestellt:

- Anlage- und Umlaufvermögen

- Margen der bestehenden, aber noch nicht ausgeführten Kundenverträge

- Werte der Kundenverträge (Service) des laufenden Jahres (berechnet aber noch nicht geleistet – wird vom Kaufpreis abgezogen)

- „Good Will" = festzulegender Wert des Kundenstammes, Patente und Marktstellungen, mit dem Marge erzielt wird, welche dem Verkäufer entgehen

- Personalrisiko = durch Betriebszugehörigkeit erworbene Regelabfindungen und Kündigungsfristen per Ablauf des Folgejahres nach MBO (wird vom Kaufpreis abgezogen)

Ein Beispiel:

Ein Produktionsunternehmen im Maschinenbau soll in einem MBO aus einem Konzern ausgegliedert werden.

Anlagevermögen
CNC-Fräsen, Laserschneider, Büromöbel, Fahrzeuge und Lagergestelle werden unter Berücksichtigung der jeweiligen Anschaffungswerte abzüglich der Abschreibungsmodi bewertet mit € 1,5 Mio

Umlaufvermögen
Büromaterial, Rohmaterial, Halb- und Fertigerzeugnisse werden nach jeweiligem Kaufpreis unter zu vereinbarender Bewertung
€ 0,6 Mio.

Es bestehen Aufträge im Verkaufswert von € 300.000, für welche das Rohmaterial bereits beschafft ist, jedoch noch nicht gefertigt wurde. Die Aufträge werden mit 30 % Materialeinsatz plus 40 % Fertigungskosten plus 15 % Vertriebs- und Marketingkosten kalkuliert. Die verbleibende Marge wird geteilt 15 % von 300.000 / 2 = € 22.500,--
(Halbfertige und fertige Erzeugnisse entsprechend)

Wert der Kundenverträge („Good Will") des Folgejahres von € 10 Mio bei einer Marge von 15 % = € 1,5 Mio geteilt durch 2 =
€ 0,75 Mio

Wert der nicht geleisteten Serviceverträge
Minus - € 0,5 Mio

Summe **Kaufpreis** € **2.372.500**

Jetzt bewerten wir das Personalrisiko.

Wir gehen davon aus, dass eine Due Diligence des Personal durch eine Fachkraft erfolgt ist. Wir nehmen ein grobes Ergebnis wie folgt an:

80 Mitarbeiter mit einem Gesamtgehalt von monatlich € 240.000 und einer durchschnittlichen Kündigungsfrist von drei Monaten

€ 720.000

Die Regelabfindungen (0,5 Monatsgehälter pro Beschäftigungsjahr) ergeben 320 Gehälter =   € 960.000

Anteilige Anwaltkosten bei Kündigungen ca: =   € 50.000

Transferkosten bei Betriebsschließungen ca. =   € 250.000

Diese Kosten ergeben sich, wenn der Verkäufer diesen Betriebsteil schließt. Sein Vorteil durch das MBO beträgt somit die Summe von:

€ 1.980.000

Es bliebe also ein **Kaufpreis von**   **€ 392.500**

ABER:

Schließlich werden die Margen, die Bewertungen der Anlage- und Umlaufvermögen und der Personalrisiken VERHANDELT.

Nicht selten kommt es zu einem so genannten „negativen Kaufpreis", also einer Summe, die der Verkäufer zur Vermeidung einer Betriebsteilschließung DIR draufzahlen muss, um dem locker ein jährigen Prozess der Schließlich mit der gesamten Personalbindung, dem Ärger und vor allem der negativen Presse und Imageverlust aus dem Wege zu gehen.

Und schon sind wir bei der Finanzierung eines MBO durch den Verkäufer ...

Cash flow

Eigentlich ist die cash flow – Planung das einfachste in der Unternehmensplanung. Hierbei wird der Buchhalter enorm behilflich sein, denn er kennt alle Termine der Steuerzahlungen, Krankenkassen, Gehälter, Zahlungsziele der Lieferanten und Eingänge der Kunden.

Ich hatte freundlicherweise von meinem Wirtschaftprüfer eine Excel-Liste erhalten, in der ich eine Planung vornehmen konnte.
Diese untergliedert sich in Kalenderwochen, in der einfach alle Verbindlichkeiten und Forderungen realistisch eingegeben werden. Unten stehen die Liquiditäten und fertig ...

Aber:
Die Verbindlichkeiten = Ausgänge sind recht einfach und präzise planbar. Die Variablen lassen sich gut mit geplanten Umsätzen = Materialeinkauf schätzen.
Die cash-Eingänge sind das planerische Problem. Die Zahlungsmoral der Kunden kann plötzlich von 1 bis 20 Wochen springen und schon platzt die ganze Planung.

Je realistischer die Planung ist, desto dankbarer der Buchhalter und ruhiger kannst Du schlafen. Diese Planung ist nicht nur für die Phase des MBO enorm wichtig, sondern auch für den laufenden Betrieb. Insbesondere, wenn Investitionen getätigt werden. Die Cash-Flow-Planung bestimmt Deinen Kapitalbedarf. Nichts anderes!
Du hast beispielsweise € 500.000 für das oben genannte Beispiel-MBO zur Verfügung, Dein Kaufpreis wurde mit € 200.000,-- vereinbart und die Zahlung muss innerhalb von zwei Wochen erfolgen. Sieht doch erst einmal gut aus ...

denkst Du ...

Die Rechnung ergibt sich nur GANZ GROB monatlich wie
folgt:

Erster Monat:

Kaufpreiszahlung	- 200.000
GmbH-Einlage	25.000
Materialkosten	- 260.000
Netto-Gehälter	- 170.000
Betriebskosten	- 50.000
Kosten für Investitionen	- 80.000
Anwaltkosten für MBO (ja, ja!)	- 120.000
Summe Kapitalbedarf Monat 1	**- 885.000**
Eigenkapital	500.000
Deckung Cash	- 355.000

Aufgrund der langen Zahlungsziele der Kunden gegen ge-
rechnet zu dem Kosten für Vorauszahlungen an Steuern und
Abgaben sind diese hier mal vernachlässigt.
Und plötzlich brauchst Du eine Kreditlinie oder „Finanzfreunde"

Im Monat 2 wird´s noch schlimmer:

Liquiditätseingang	
(die hälfte der Kunden bezahlt)	400.000
Steuern, Krankenkassen	- 120.000
Materialkosten	- 260.000
Betriebskosten	- 50.000
Netto-Gehälter	- 170.000
Umsatzsteuer-Vorauszahlung	- 200.000
Unterdeckung cash Monat 2	- 400.000
Unterdeckung cash Monat 1	- 335.000

Deckung Cash - **735.000**

Monat 3 wird schon besser:
Liquiditätseingang	800.000
Umsatzsteuer hebt sich auf	0
Rest wie Monat 2	- 600.000
Überdeckung Monat 3	200.000
Unterdeckung Monate 1+2	- 735.000
Deckung Cash	**- 535.000**

Monat 4 führt zu einer gewissen Entspannung:
Liquiditätseingang	800.000
Rest wie Monat 3	- 600.000
Überdeckung Monat 4	200.000
Unterdeckung Monat 3	- 535.000
Deckung Cash	**- 265.000**

Natürlich ist diese Darstellung extrem vereinfacht, variiert je nach Geschäftsmodell und zu einer ordentlichen Planung sind
–zig Positionen und Gegebenheiten zu berücksichtigen. Ich will Dir nur zeigen, dass der Kapitalbedarf extrem genau geplant werden muss, damit Du nicht im laufenden Betrieb plötzlich und bereits unter höchstem Druck nach Geldgebern suchen musst:

Du hattest eine halbe Million Euro, hast eine Firma für zweihunderttausend gekauft und brauchst trotzdem eine Kreditlinie von zeitweise fast einer Million dazu und benötigst mindestens sechs Monate, um von dieser Linie herunter zu kommen. Wenn alles gut geht!
Dann hast Du immer noch Deine halbe Million im Geschäft. Nach mindestens einem dreiviertel Jahr kannst Du an erste,

kleine Investitionen denken, die unbedingt notwendig sind. Danach gilt es unbedingt, genügend Liquidität zum Wachsen aufzubauen.

Nach frühestens zwei Jahren kannst Du anfangen, Dir langsam Dein „Darlehen" zurückzuzahlen. Wenn alles gut geht und Dein Geschäft keinen Rückschlag erleidet, hast Du Dein Kapital in 3 Jahren wieder „drin". Wenn alles gut geht ...

Bilanziell sieht das natürlich nicht so dramatisch aus, will Du Forderungen und Verbindlichkeiten aufrechnest, Anlagevermögen abschreibst, Umlaufvermögen bewertest und somit die Eigenkapitalquote und das Ergebnis in der ersten Zeit nicht so schlecht aussehen, wie der Cash Flow.

Frage Deinen Wirtschaftsberater nach drei präzisen Planungen:

1. Cash Flow

2. Gewinn und Verlustrechnung

3. Plan-Bilanz

Verstehe jede einzelne Position und unterschreibe für Dich persönlich jede einzelne Zahl!

Du wirst feststellen, dass er mit der Cashflow-Planung ins Schwimmen kommt, denn hierzu gehört ein tiefes Wissen genau Deines Geschäftsmodells. Wenn er also eine aufstellt und nicht nach vielen Details fragt – feuer ihn!

Die GuV zeigt – bei sachlicher und ehrlicher Erstellung – wie Deine Gewinnlage aussieht. Sie ist DAS Planungsinstrument, an welches sich jeder in Deinem Unternehmen halten kann und muss. Diese kann auch auf einzelne Kostenstellen herunter gebrochen werden („Profit-Center")

Die Plan-Bilanz zeigt Dir den Wert Deines Unternehmens nach dem erfolgreichen MBO („Eröffnungsbilanz") und die Wertentwicklung in der Planung. Sie beantwortet auch sehr wesentliche Fragen:

- wann ist der beste Zeitpunkt, das Unternehmen zu verkaufen und zu welchem Preis?

- Wie hoch ist Deine Eigenkapitalquote für das Rating bei Banken, Versicherungen, Leasinggessellschaften?

- Ist eine Überschuldung vorhanden (Folgen!)?

Vorbereitung für ein MBO

1. Feststellung des gesamten Umlauf und Anlagevermögens. Jedes Teil hiervon MUSST Du gesehen haben.
2. Regelung der Aufträge, welche vom Vorunternehmen erzielt aber von Deinem Unternehmen ausgeführt werden (Margenausgleich).
3. Regelung der Garantieleistungen, welche in den Bilanzen rückgestellt sind und werden. Diese müssen als Pauschal-Betrag vom Kaufpreis abgezogen werden.
4. NDA (Non-Disclosure-Agreement) = Geheimhaltungsabkommen) betreffend aller Personen (nicht nur Unternehmen!), welche mit dem MBO-Vertragswesen in der Verhandlungsphase beschäftigt sind.
5. Listen:
   - Personal
   - Vermögen (Umlauf, Anlagen)
6. Due Diligence (Gutachten/Untersuchung) der Bereiche:
   - Personal
   - Steuern
   - Unternehmensverträge
   - Unternehmenswerte
7. Businessplan operativ, Marketing, Unternehmensziele
8. Finanzplanung mit Plan-Bilanz, -GuV und cash flow
9. Ablaufplanung mit Umzug, IT, Lager, Kunden- und Partnerinformationen, Pressenotizen, Homepage, Marketingmittel, etc.

Für dieses sehr komplexe Thema gibt es haufenweise Seminare und Trainings. Die meisten berühren nur Teile eines MBO. Prüfe diese sorgfältig!

Du wirst diese ganzen Themen nicht allein schaffen. Suche Dir Berater, welche die Themen jeweils als Profis abdecken. Verlasse Dich NIEMALS auf nur einen Berater, der angeblich alles abdeckt! Ein guter Berater hat entweder ein Team für die einzelnen Bereiche oder ein entsprechendes Netzwerk. Investiere in diese Planung gerne und schmerzlos Geld, mein Freund. Der Schaden kann dich sonst unternehmerisch schneller umbringen als Du Dein erstes Unternehmergehalt beziehst. Wirklich!

Für ein Startup gilt die gleiche Liste – nur einige Punkte sind gegebenenfalls nicht relevant.

Finanzen leicht gemacht

Ein etwas arroganter Titel ...
Finanzen SIND leicht. Es ist die einfache Mathematik der Grundschule und der 5-6 Klasse mittlere Reife. Mehr nicht. Beherrscht Du den Dreisatz, hast Du kaufmännisch schon eine gute Grundlage (die Beherrschung des Dreisatzes in ordentlicher Geschwindigkeit ist verdammt selten ... vor allem bei Gymnasiasten ...).
Es genügen die vier Grundrechenarten, um Zahlen zu prüfen.
Es genügt eine realistische Einschätzung, ein seriöses Bauchgefühl um Planungen zu erstellen und zu prüfen.

Was 90 % aller Jung-Unternehmer vollkommen fehlt, ist der Mut sich gründlich und offen, realistisch und sachlich an seine Zahlen zu gehen.
Finanzen sind bei den meisten ein Schreckensgespenst, eine Thema, bei dem sie mehr oder weniger den Kopf in den Sand stecken. Welches sie von Tag zu Tag verschieben und lieber die Halle fegen als endlich das wichtigste Thema anzunehmen.

Das ist der eigentliche Grund, warum Buchhalter so unbeliebt sind: sie beschäftigen sich unermüdlich und unbeirrbar mit dem Thema, welches die meist vertriebsorientierten Unternehmer ablehnen. Und die Buchhalter gehen diesen unerbittlich auf die Nerven, weil die ein Thema lösen müssen und nicht aufschieben können.

Freunde Dich mit Deinem Buchhalter an! Er wird aus Unternehmenssicht unabdingbar Dein bester Mitarbeiter sein!

Die nachfolgenden Begriffe und deren Bedeutung sollten Dir geläufig sein:

Bilanz
Darstellung des Vermögens des Unternehmens. Die so genannte Eröffnungsbilanz ist wichtig für Deine Finanzpartner.

Gewinn- und Verlustrechnung
Die GuV hat nichts mit dem Geldfluss (cash flow) zu tun, sondern bildet das Betriebsergebnis ab. Sie zeigt Dir, ob Du im operativen Geschäftsbetrieb Gewinn oder Verlust machst.

Cashflow
Zeitlich engmaschige Auflistung des Geld-(Liquiditäts-)Flusses. Wie ein Kassenbuch: was ist wann zu zahlen und was kommt wann an Geld rein. **Wie** sieht die Liquiditätslage Deines Unternehmens **wann** aus.

Planung
Diese sind in den Cash Flow und GuV als planerische Fortführung unbedingt mindestens einmal jährlich vorzunehmen – am besten jedes Quartal. Nur so kannst Du Investitionen „rechnen" und den Finanzbedarf rechtzeitig entscheiden.

Umlaufvermögen
Alle Materialien, welche verkauft oder zu Verkaufsprodukten verarbeitet werden. Hierzu gehören auch halb- oder fertige Erzeugnisse.

Anlagevermögen
Alle Ausrüstungsgegenstände, welche nicht verkauft werden, sondern zum Betrieb des Unternehmens gehören: Gebäude, Maschinen, Büromöbel, Fahrzeuge, etc. Diese unterliegen der jährlichen steuerlichen Abschreibung und werden entsprechend in den Bilanzen als Passiva abgebildet.

Führung

Alte Mitarbeiter umstellen

Die Mitarbeiter sind die Firma. Nicht Du, nicht der Handelsregistereintrag, nicht das Gebäude und nicht die Maschinen. Alles ist komplett unproduktiv, wenn keine guten Mitarbeiter daran und darin mit voller Motivation, Geist und Verstand arbeiten.

Vorher schon in diesem Buch wurde schon erwähnt, wie sich die Mitarbeiter oftmals nach einem MBO oder einer Übernahme verhalten. Sie schalten sofort von Kollege und Kumpel auf Chef und Angst um. Das steckt in vielen drin und resultiert aus deren Prägungen.

Manche sind auch auf Kampf gepolt. „Verdammt, jetzt ist der Chef und nicht ich! Der ist doch eine Pfeife sondergleichen! Das meinen andere auch. Das wird nie was!"

An dem erwähnten ersten Tag hast Du mit allem als Mannschaft gesprochen, jedem die Hand gedrückt und ein persönliches Wort gesprochen, wie seine und Deine Ziele sind. Es herrscht Klarheit und Du denkst, jetzt läuft er prima.

Tut er möglicherweise aber nicht ...

Du wirst mit Deinen Fähigkeiten, Seine Körpersprache zu lesen und mit Deinen Fragestellungen erkennen, ob er ehrlich zur Firma und zu DIR steht oder nicht.

Du hast diesen Laden gerade übernommen. Du MUSST Dich auf jeden einzelnen verlassen können. Sonst scheiterst Du schneller, als Du Deine erste BWA erstellt hast.

Wie erreichst Du eine verlässliche Mitarbeiter-Gesinnung? Respekt und Nähe. Ganz einfach.

Du hast als Unternehmer ein hohes Selbstwertgefühl aufgrund Deiner beruflichen Stellung, Deiner Macht und Deiner Möglichkeiten. Dein Mitarbeiter hat dieses Selbstwertgefühl nicht – woher auch.
Zeige Respekt vor der bisherigen Leistung und Respekt vor seiner Dir entgegengebrachten Identifikation. Aber nur, wenn Du ihm diese glaubst.

Noch einmal zur Wiederholung:
Jeder muss genau wissen, was er zu tun hat.
Die Organisation des Unternehmens, alle Zuständigkeiten und Funktionen müssen klar dokumentiert und für jeden zugänglich sein. Dies muss jeder Mitarbeiter mit nach Hause nehmen und es in seiner Familie präsentieren können.
Er muss alle seine Werkzeuge kennen und sie beherrschen.
Er muss ein Arbeitsumfeld haben, in dem er sich wohl fühlen kann.

Du musst alle Mitarbeiter „mitnehmen" auf Deiner Reise. Sie erwarten von Dir eine neue, bessere Führung. Eine Persönlichkeit, die ihn persönlich an die Hand nehmen und ihm zeigen, dass alles super ist und Sinn ergibt. Dass der Mitarbeiter ein wichtiges Rad des Unternehmens ist.
Das ist entscheidend wichtig!

Mitarbeiter selektieren

„In einer Kiste voller Äpfel reicht ein einziger fauler, um alle zu verderben". Das ist in einer Firma genauso! Findest Du einen faulen Apfel, dann werfe ihn raus! Auch wenn es in Deutschland viel Geld kostet – tue es unbedingt.
Wenn sich Gruppen gegen Dich oder das Unternehmen bilden, weil sie Dir nicht vertrauen oder sich schlicht nur wichtig machen wollen, nehme sie Dir als Gruppe vor. Konfrontiere sie mit Deinem Bauchgefühl. Mache denen noch

einmal sehr klar, was Du von ihnen erwartest und präsentiere, was Du für die Firma tun wirst. Konfrontiere Einzelne im Plenum mit Gerüchten und Informationen, die den Betriebsfrieden stören (Kündigungsgrund!). Stelle die Vertrauensfrage und fordere klare Entscheidungen ein: entweder vertrauensvolle und gute Mitarbeit oder Trennung.

Plane für jeden im Anschluss noch ein Einzelgespräch, in dem die Entscheidung von ihm oder Dir(!) besprochen oder gar durchgeführt wird. Das muss innerhalb von maximal drei Tagen geschehen.

Es muss vollkommen egal sein, wie wichtig ein einzelner Mitarbeiter für Dein Unternehmen ist. Denn je wichtiger dieser ist, desto mehr Schaden wird er anrichten, wenn er verrückt spielt.

Ein fachlich unwichtiger Mitarbeiter kann übrigens wichtig für den Betriebsfrieden sein, wenn er diesen durch seine soziale Macht stört.

Neue Mitarbeiter einstellen

Wenn Du mit dem Aussuchen von Mitarbeitern, Einstellungsgesprächen und Vertragswesen noch keine Erfahrung hast, lasse Dich unbedingt coachen!

Grundsätzlich ist ein fest eingestellter Mitarbeiter ein planbares Glied im Unternehmen. Aber überlege Dir sehr sorgfältig, ob die Planstelle wirklich mit den Kosten zu besetzen ist: Sollte die Planstelle irgendwann gestrichen werden müssen, gehen dieser Streichung viele Monate Schlechtleistung voraus:

- Minderleistung im Produktionsablauf oder den Prozessen mit Auffangen durch überproportionale Leistungen anderer Mitarbeiter, gegebenenfalls fehlerhaften Produktionen, verfehlte Liefertermine, falsche Einkäufe oder Schäden im Anlage- oder Umlaufvermögen.
- Frustaufbau bei Kollegen und Management, Kunden oder Außendienst.
- Abmahnungen und gegebenenfalls vorbereitende Gespräche mit dem Betriebsrat.
- Kündigung, Kündigungsfrist und Abfindung

Zählen wir das alles zusammen, kommt auf dem monatlichen Kostenblock des Angestellten noch ein erheblicher Satz drauf, Schaden im Betrieb und an den Kollegen.

Meistens kommt der Wunsch nach einem neuen Mitarbeiter aus dem Kollegenkreis. Überlastung, Frust wegen Schlechtleistungen anderer Kollegen, die aber vom Kreis geschützt werden, falsche Ablauforganisationen oder eine Last-Spitze können zu Fehlplanungen führen.

Untersuche das „echte" Problem! Prüfe den Bedarf!
Kannst Du noch etwas umorganisieren und Arbeit somit verringern? Kannst Du auf Arbeiten vielleicht auch verzichten („haben wir schon immer so gemacht ...")?
Will sich jemand das Leben nur erleichtern und könnte gerne ein wenig mehr Gas geben für sein Gehalt?

Lasse Dich nicht von Deinen Mitarbeitern zu solchen Entscheidungen führen, sondern mache Dir selbst ein genaues Bild.

Aussuchen von Mitarbeitern

Folgende Sachverhalte musst Du Dir klar machen:
- Welches persönliche Profil passt in die Abteilung oder welche Persönlichkeit passt zu der Position (Assistent, Controller, Leitender).
- Welches Alter passt in die Gemeinschaft. Ich weiß, die Frage ist verboten aber ich darf mir als Unternehmer meine eigenen Kriterien schaffen.
- Brauche ich NEUE Leistungsprofile
- welches Budget plane ich für die Stelle

Der Bewerbungsstandard ändert sich rund alle drei Jahre. Wer diese Änderungen als Bewerber verpasst, hat in Konzernen keine Chance. Als Mittelständler bist Du aber ganz anders aufgestellt und kannst Dein Bauchgefühl einsetzen. Dieses ist bei der Mitarbeiterauswahl ganz besonders wichtig.

Der Weg zum neuen Mitarbeiter führt über folgende Stationen:
1. Anzeige in Zeitungen, Internet-Plattformen, Handelskammern
Unbedingt eine grobe Aufgabenbeschreibung, die erforderlichen Fähigkeiten und den spätesten Abgabetermin der Bewerbungen nennen.
2. Auswertung der schriftlichen Bewerbungen und Vereinbarung von Bewerbungsterminen.
70 % der ersten Sichtung geht nach dem Foto. Das ist zwar schlimm, dumm und falsch, aber das ist leider so.
Das Anschreiben sollte zwar am liebsten spannend, nett und motivierend sein, aber wer kann das schon so aufsetzen? Manche sitzen stundenlang vor dem Papier und bekommen

keinen Satz zusammen und sind/wären die tollsten Sachbearbeiter!

Die Zeugnisse – sofern bereits vorhanden – sind ein wichtiger Hinweis. Allerdings habe ich schon Zeugnisse gesehen, deren Verfasser sich als kompletter Idiot outet. Schreibfehler, Satzstellungen und gesetzliche, korrekte Inhalte sind nicht jedermanns Sache und der arme Mitarbeiter kann das oft nicht beurteilen oder hat nicht den Mut, eine Korrektur gerichtlich durchzusetzen. Es ist eine Mischung aus Bauchgefühl und Erfahrung.

3. Bewerbungstermin

Was habe ich eigentlich der Menschheit getan, dass mich ein nach MCD riechender, kaugummikauender Rapper mit dreckigen Fingernägeln, fleckiger Hose und ungekämmten Haaren in meinem sauberen, ordentlichen Büro belästigt ...?

Ich habe ihn eingestellt und er wurde der beste Lager-Logistiker, den ich mir wünschen konnte!

Wieso? Weil ich im Interview seine Begeisterung für eine Chance sehen konnte. Sein Interesse sah und er nach fünf Minuten butterweich wurde, weil ich ihm mit einem bestimmten Maß an Respekt begegnete.

Andere nutzten diese Chance nicht und verpassten einen hervorragenden Mitarbeiter.

Präsentiere Dein Unternehmen in fünf Minuten, bevor sich der Bewerber präsentiert. Schaue, ob und wie er auf Deine Präsentation eingeht, ob er sich vorbereitet hat und ob er Fragen stellt – je nach beworbener Stelle.

Für Dich ist es einer von vielen Bewerbern. Für ihn ist es seine Existenz.

Vertragsgestaltung

Ich persönlich verabscheue befristete Verträge. Arbeitsrechtlich machen diese bezüglich Kündigungsfristen nur marginalen Sinn. Aber die Motivation des Mitarbeiters ist maßgeblich von seiner Planbarkeit abhängig!
Angst vor einer Nicht-Verlängerung lässt keine besonders hohe Motivation zu.
Lasse Dir von einem Anwalt für Arbeitsrecht unbedingt einen Standard-Arbeitsvertrag erstellen. Ich bin immer sehr gut mit Standards gefahren und Dein Anwalt kennt automatisch alle Bedingungen im Streitfall.

Natürlich gibt es mehrere Varianten, z.B.:

• Sachbearbeiter
• Produktionsmitarbeiter
• Schichtmodelle
• Vertrieb
• Leitende Angestellte
• Techniker im Außendienst
• Sonderkonditionen (Firmenfahrzeug, Laptop, Telefon, etc)

Alle benötigen gesonderte Ausführungen. Insbesondere der Vertrieb und sonstiger Außendienst mit der Nutzung von Firmeneigentum muss sehr genau geplant und bedacht werden!

Mitarbeiter loben

Lobst Du einen Mitarbeiter wegen seiner Arbeit, muss er wissen, dass Du seine Leistung auch wirklich beurteilen kannst. Dann erntest Du seinen Respekt und er wird sein Bestes leisten.
Tadelst Du mit einem Plan zur Nachschulung, Verständnis und Klarheit über Folgen und Möglichkeiten, motivierst Du zur Besserung oder führst eine schnelle Trennung herbei – für beide gut.

Bedenke, dass Lob nur dann wirkt, wenn er erst genommen werden kann. Durch Lob willst Du ja nicht nur, dass Dich Dein Mitarbeiter besser fühlt! Wenn Du ihn einfach nur mal streicheln willst wie ein Haustier, dann verzichte lieber darauf.

Ein Lob hat ein klares Ziel:
Der Mitarbeiter soll lernen, dass Du seine Leistung bemerkst, diese über das Maß der erforderlichen Arbeit anerkennst (für eine vertragliche Arbeit muss niemand belohnt werden. Dafür ist das Gehalt da!) und der Mitarbeiter ein klares Zeichen für einen Förderungsgedanken bekommt.

Es gibt mehrere Stufen des Lobes:

1. „Ich bemerke, dass Du da bist":
Die Begrüßung mit dem Namen des Mitarbeiters, der Hände-druck beim Freitagsbesuch oder der Betriebsfeier.
Für manche Arbeitslevel vollkommen ausreichend.

2. „Ich beschäftige mich mit Deiner Arbeit":
Die Nachfrage, ob das Projekt oder der Auftrag xyz geklappt

hat, ob eine Lieferung ordentlich angekommen oder abgesendet worden ist.

Der Sachbearbeiter wird staunen, dass Du ihn wahrnimmst und Dich mit einem Teil seiner Arbeit beschäftigst.

3. „Hey, das hat mir Freude gemacht"

Aktives Besuchen des Mitarbeiters und sich für eine besondere Leistung bedanken. Hierbei muss begründet werden, was Du detailliert würdigst. Das kann ein pfiffiger Gedanke oder eine geschickte Verhandlungsstrategie, eine tolle Reparaturlösung oder eine soziale Leistung für das Unternehmen oder Kollegen sein.

Es ist sehr viel wirkungsvoller, das Lob an seinem Arbeitsplatz auszusprechen. Wenn Du ihn in Dein Büro holst und das Lob unter vier Augen aussprichst, muss er sich vor seinen Kollegen in der Erzählung, warum er bei Dir war, selber loben. Das ist blöd.

4. „Seht her, Kameraden, das war oberklasse!"

Wären einer Betriebsfeier oder sogar einer eigens einberufenen Betriebsversammlung wird ein Vorgang vorgestellt, der einen besonderen Nutzen für die Firma bedeutet. Guter Umsatz mit einer tollen Marge, eine Verbesserung einer Maschine und dadurch höherer Output oder ein deutlich überdurchschnittlicher Einsatz in einer außergewöhnlichen Situation - Fälle, welche das Unternehmen spürbar nach vorne gebracht haben.

Ein oder mehrere Mitarbeiter werden vor versammelter Mannschaft in einer kleinen Laudatio gelobt und der Nutzen für die Firma erläutert. Das Ganze wird in einem Dankesschreiben als Urkunde übergeben und der Dank des Vorstandes ausdrücklich ausgesprochen.

Wichtig: überlege genau, ob das ganze mit einem Geldgeschenk verbunden werden soll oder lieber mit einem anderen Vorteil!

Siehe hierzu das nächste Kapitel „Lob mit Geld".

Lob mit Geld

Was ich immer gehasst habe, war die jährliche Runde der Gehaltserhöhungen. Sowohl als Angestellter als auch als Unternehmer – jeweils aus verständlicherweise verschiedenen Gründen ...

Als Angestellter bin ich wohl vorbereitet zur Geschäftsleitung, habe meine Leistungen präsentiert und habe um Gehaltserhöhung gebeten.

Ich habe niemals das bekommen, was ich mir erhofft habe.

Ergo: ich bekam zwar etwas, war aber immer enttäuscht und fühlte mich nicht ausreichend gewürdigt.

In meinen letzten beiden Anstellungen vor meiner Selbstständigkeit erhielt ich alle Gehaltserhöhungen ungefragt! Das war zwar sehr schön, schnitt mir aber – sehr geschickt – die Möglichkeit zu besonderen Erhöhungen ab, da diese sehr frühzeitig kamen. Allerdings war das für den Arbeitgeber prima planbar und er dachte, alles ist gut.

Ist es aber nicht.

Als ich angestellter Bereichsleiter war, hatte ich eine Sekretärin (ja, das hieß damals noch so) – eine so richtig tolle Dame der alten Schule. Sie wurde aufgrund ihrer Bescheidenheit bei Gehaltsrunden immer übersehen. Ich gab der Geschäftsleitung einen deutlichen Hinweis und man versprach mir sofort, meine Erika so „richtig glücklich zu machen". Das sah wie folgt aus:

Sie wurde zum Geschäftsführer gerufen und kam nach 15

Minuten mit einem hoch roten Kopf wieder, packte ihre Tasche und verschwand.

Ich kam aus einer Besprechung, hörte von dem Vorgang und rief den GF an. Dieser teilte mir mit, dass sie (umgerechnet) € 20,-- erhalten hatte. Das waren damals 1,3 % Ihres Gehaltes ... Ich schimpfte mit dem GF wegen dieser Peinlichkeit und fuhr zu Erika nach Hause.

Sie saß weinend in ihrem Wohnzimmer und war wütend. Von den € 20,-- blieben ihr € 12,-- übrig. Im Monat!

Das war für sie der klare Hinweis, dass man sie nicht wertschätzte.

Gehaltserhöhungen von 3 % als Rundumschlag sind sinnlos! In zwei Monaten hat sich jeder Mitarbeiter an den lächerlichen Netto-Aufschlag gewöhnt und hat keinen spürbaren Nutzen davon. Wenn ich an die ganzen Riesen-Streiks in Deutschland der Jahre 2013 – 2015 (Lufthansa, Deutsche Bahn) denke, wird mir ohnehin schlecht:

Es geht nicht um Mehrleistung oder Mehrnutzen im Unternehmen, sondern nur um eine Verhandlungsbefriedigung.

Das macht Unternehmen kaputt!

Stellst Du beispielsweise eine Sachbearbeiterin für € 2.500,-- monatliches Brutto ein, hast Du direkte Lohnkosten von ca. € 3.050,-- plus gegebenenfalls BG-Beiträge, Versicherungen und Arbeitsplatzkosten. Diese Mitarbeiterin kostet dem Unternehmen schätzungsweise € 4.500,-- jeden Monat.

Irgendwann will diese Mitarbeiterin mehr Geld verdienen, obwohl sich ihre Arbeit und Aufgaben nicht geändert haben. Die häufigste Antwort auf meine Frage, WARUM der Mitarbeiter mehr verdienen wollte, war:

Benzin, Miete, Nahrungsmittel, Kleidung und Restaurants ... alles wird teurer!

Ich antwortete immer:
„Gehe zu Shell, Edeka, Takko und deinen Griechen und fordere Preisgleichheit oder Senkung! Warum soll ich für die Preiserhöhung der anderen bezahlen?"
Ich habe auf meine Kosten einen Versicherungsprofi engagiert und den Mitarbeitern eine Untersuchung derer ganzen Versicherungen gegönnt. Dabei kamen oftmals spürbar hohe Summen an Einsparungen heraus, wofür die Mitarbeiter dann sehr dankbar waren. Netto-Ersparnis!

Die genannte Mitarbeiterin sieht das üblicherweise auch ein und wäre jetzt enttäuscht gegangen. Die Motivation wäre gesunken und die Corporate gleich Null. Das wäre der erste Schritt zur inneren Kündigung. DAS solltest Du Dir aber nicht leisten! Denn die Einstellung und Einarbeitung der Mitarbeiterin hat Dich mal sehr viel Geld gekostet. Bist Du mit ihr zufrieden, gebe ihr ein Ziel und eine realistische Möglichkeit, durch MEHRLEISTUNG mehr Geld zu verdienen.

Stelle ein Programm auf, welches sie nach vorne bringt: zusätzliche Aufgaben, Schulungen oder Verantwortungsbereiche sollen sie motivieren und dem Unternehmen Vorteile bringen.
Vereinbare Zwischenziele und Kontrollpunkte. Schafft sie es, ist es ein win-win. Schafft sie es nicht, ist sie entweder weg oder bleibt auf ihrem Niveau zufrieden und sieht ein, dass Gehaltserhöhungen immer zwei Seiten haben.

Ich habe jedes Jahr immer ein ordentliches Budget an Gratifikationen bereit gestellt. Die Abteilungs- und Bereichsleiter schlugen mir Mitarbeiter ihrer Teams mit Begründung vor und alle drei Monate (!) gab es Betriebsversammlungen mit Verlesung unserer „Grammy´s" mit Urkunden und symbolischen

Schecks. Das war immer wirkungsvoll und toll für die Belegschaft.

Obwohl ... nicht immer ...
Ein sehr guter IT-Controller erhielt einmal € 800,-- als Dankeschön für eine gut gelungene Umstellung am Wochenende. Er freute sich sehr.
Nach der Gehaltsabrechnung kam er zu mir und meinte, ich bräuchte solche Gratifikationen für ihn nicht mehr machen, denn in seiner Steuerklasse 1 blieben ihm noch € 440,-- übrig und das war dann gegenüber den genannten € 800,-- doch enttäuschend ... Dabei geht es nicht um die Stundenleistung, sondern um die avisierte Summe gegen das Ergebnis in der Tasche.

Was immer wieder eine gute Wirkung ist, sind die kleinen Geschenke zwischendurch:

„Gehen Sie mit Ihrem Mann und Ihren Kindern Mittwoch (nicht Wochenende!) mal so richtig schön Essen und bringen Sie mir die Quittung mit. Die Firma zahlt und möchte sich damit bei Ihnen bedanken. Gut gemacht!"

„Haben Sie ihre letzte Tankquittung dabei? Her damit! Bekommen Sie wieder. War prima gemacht!"

Solche kleinen Zuwendungen sind legal, absetzbar und vor allem: wirkungsvoll!

Entlohnung
Ob Betriebsrat oder nicht, ein „Haustarif" ist ein probates Mittel, um Streit, Neid und Missgunst aus dem Wege zu gehen.

Wenn Du Deine Firma gerade übernimmst, hast Du die BESTE Chance, das Entlohnungsmodell ein für alle Mal auf Deine Wünsche umzustellen.

Natürlich kannst Du Gehälter nicht plötzlich in der Übernahme kürzen. Das ist genau im Gesetz geregelt. Aber Du kannst Zahlungsmodalitäten neu definieren.

So kann zum Beispiel eine Abteilung mit unterschiedlichen Gehältern für gleiche Leistungen auf neue Arbeitsverträge (die sowieso notwendig sind!) mit Grundgehältern und entsprechenden Zulagen umgestellt werden. Damit haben die Mitarbeiter das gleiche Gehalt, aber neue Mitarbeiter eine Basis, auf welcher sie aufbauen können.

Ein Haustarif ist für einen Betriebsrat transparent und stellt eine Gerechtigkeit her, die es vorher möglicherweise nicht gab.

Mitarbeiter abmahnen und kündigen

Das ist genau der Punkt, vor dem alle Mitarbeiter Angst haben. Diese disziplinarischen Maßnahmen haben Deine Leute von Dir entfernt. Und irgendwann musst Du es tun.

Es gibt drei Eskalationsstufen:
Bei ALLEN Stufen MUSST Du einen weiteren Mitarbeiter als Zeugen dabei haben! Am besten ein Mitglied des Betriebsrates oder den Abteilungsleiter. Beim Prokuristen am besten Deinen Anwalt ...

1. Mängelgespräch.
Wenn ein Mitarbeiter – insbesondere in der „neuen" Firma – anfängt, Leistungsmängel oder Fehlverhalten zu zeigen, warte auf keinen Fall mit der Ahndung! Du wirst von ALLEN Mitarbeitern genau beobachtet, wie Du mit solchen Situationen umgehst.

Im Gespräch wird der Leistungsmangel, Fehler oder das Fehlverhalten erläutert und eine Erklärung vom Mitarbeiter verlangt. Besserungen werden vereinbart und die Aussicht auf eine Abmahnung müssen ausgesprochen werden. Alles muss schriftlich dokumentiert (mit Nennung und Unterschrift des Zeugen) und dem Mitarbeiter ausgehändigt werden. Auch Einwände des Mitarbeiters müssen im Schriftstück enthalten sein.

2. Abmahnung
Wenn ein oder mehrere Mängelgespräche keine Besserung erzeugt haben, muss eine Abmahnung erstellt werden. Mit dieser Abmahnung darf nicht lange gewartet werden!
Ich habe vor Gericht mit einer Abmahnung verloren, weil ich das Verhalten bereits ein Jahr geduldet hatte!
3. Kündigung
Unbedingt die rechtlichen Gegebenheiten beachten!
Eine Verhaltensbedingte Kündigung ist extrem schwer durchzusetzen. Betriebsbedingte Kündigungen sind ebenfalls umfangreich als betriebliche Erfordernis nachzuweisen.
Mit einer Kündigung sofort einen Abwicklungsvertrag (Anwalt!) aufsetzen, die „übliche" Abfindung einsetzen (0,5 Monatsgehälter pro Beschäftigungsjahr) und den Mitarbeiter unverzüglich freistellen – also nach Hause schicken.
Unbedingt alle Fristen und Rückgaben von Arbeitsmitteln beachten (Kündigungsfrist, Urlaub, Fahrzeug, Laptop, Telefon, Mailzugang, etc.)

Stimmung
Du machst keine Stimmung, Du machst eine Unternehmenskultur.

Viele Unternehmer wollen eine „gute Stimmung", ein „gutes

Betriebsklima" „machen". Sie wollen, dass jeder Arbeitnehmer mit Wonne zur Arbeit kommt und sich dort fast wie zuhause fühlt.
Anderen Arbeitgebern ist es schxxx-egal, wie sich die Arbeitnehmer fühlen. Sie werden für ihre Arbeit bezahlt und gut ist.

Die Wahrheit liegt irgendwo dazwischen ...

„Stimmung" ist immer nur eine Momentaufnahme. Du kannst wie ein Löwe mit viel Einsatz und Geld für eine gute Stimmung kämpfen und arbeiten. In einem Augenblick ist sie wieder kaputt.

Selbstverständlich hast Du in deinem Unternehmen die höchste Performance und das beste Gefühl für Dich und Deine Mitarbeiter, wenn die Stimmung gut ist.
Aber das kann sehr leicht ausgenutzt werden. Nein, das WIRD ausgenutzt!
Das Paradebeispiel ist Google oder Microsoft. Gym´s, Spielzimmer, Bibliotheken und „Lazy-Corners" sollen das Wohlgefühl der Mitarbeiter steigern und das Unternehmen zum Zuhause machen. Wenn Du solche Margen wie diese beiden Unternehmen erzielst, sei es Dir und Deinen Mitarbeitern gegönnt ... aber die Realität sieht bekanntlich anders aus.

„Warum meinen Sie, bekommen Sie hier Gehalt, verdammt noch mal?" donnerte ich einmal, als ein Mitarbeiter wiederholt Mist gebaut hatte. Das kann ja sein und muss vielleicht nur nachgeschult werden, aber dieser Mitarbeiter war lustlos und unmotiviert.
„Weil ich einen Arbeitsvertrag habe!" wurde mir entgegnet.
Ich trennte mich von ihm ...

Das ist aber leider die landläufige Meinung: Ich bekomme Geld, weil ich einen Arbeitsvertrag habe. Auf die Idee, dass man Geld für eine Arbeitsleistung erhält, kommen manche nicht. Arbeit ist ein lästiges Etwas im Leben ... Geld ist mein Recht!

Mache keine Stimmung. Überlasse das den Schreihälsen im Ballermann auf Mallorca. Die machen Stimmung für einen Abend und dann gehen alle nach Hause.

Was Du brauchst, ist eine Unternehmenskultur.
Diese wird sorgfältig von Dir und einer Marketing-Agentur erdacht, vorbereitet und kontinuierlich ausgebaut und erhalten.
Einer Unternehmenskultur ordnet sich jeder ein. Man lernt diese kennen und nimmt sie an.
Und wenn nicht, dann geht man wieder – oder wird gegangen.
Es ist wie in einem fremden Land:
In Frankreich herrscht eine andere Kultur: beim und mit dem Essen, dem Wein, der Sprache, dem Umgang miteinander, der Kleidung, der Musik, ... dem Leben insgesamt.
Gehst Du nach Frankreich, würdest Du nie auf die Idee kommen, die Franzosen von deinem Norddeutschen Charme oder deiner Bayrischen Biergartenlaune zu überzeugen.

Das gleiche gilt für Dein Unternehmen:
1.
bestimmte Verhaltensweisen und Kommunikationsarten erzeugen den gegenseitigen Respekt, Achtung und Höflichkeit.
Dieses Verhalten machst Du vor.
Persönliche Begrüßung innerhalb der Abteilungen mit Handschlag oder zumindest ordentlichem Kontakt. Morgens und Abend bei der Verabschiedung.

Höfliche Fragen und Respekt vor Unterbrechungen in Gesprächen – egal ob zwischen den „Gleichrangigen oder unterschiedlichen Hierarchie-Ebenen.
Auch wenn es albern klingt und nach einiger Zeit in Vergessenheit gerät: unbedingt erhalten und die Führungskräfte immer wieder darauf einschwören!

2.
Pünktlichkeit und Sauberkeit spiegelt sich in hervorragenden Toiletten (und ich meine wirklich exzellente Badausstattung!) und Büroräumen, Kantinen und Pausenräumen wieder.
Es lohnt sich übrigens, in die Toiletten mit sehr guten Ausstattungen zu investieren. Dies ist der intimste Ort des Mitarbeiters im Unternehmen. Er wird es so pflegen, wie Du seine Persönlichkeit im Intimbereich pflegst.
Verdammt – ich weiß nicht, wie ich dieses Thema unverfänglicher und unmissverständlicher ausdrücken kann, aber Du verstehst, wie ich das meine.

3.
Die Kleiderordnung kann unterschiedlich, stilvoll oder leger sein. Das bestimmst DU! Und selbstverständlich bist Du IMMER Vorbild in diesem Thema.
Ob es Anzug und Krawatte oder Marketing-Schwarz mit Pullover und T-Shirt ist – Dein Stil wird von ALLEN verfolgt – ausnahmslos.
Auf jeden Fall sauber und heil! Dulde keine alten Verschmutzungen und Löcher in den Jeans (es sei denn, Du stehst drauf ... aber ...). Halte Ersatzkleidung für Angestellte bereit, wenn ein Malheur passiert ist: Oberhemden in drei Größen, Jeans oder Leinenhosen in drei Größen, drei schwarze Pullover jeweils für Damen und Herren, Socken, bei Bedarf Krawatten und Bad-Artikel wie Kämme, Föhn, Deo´s (Du hast

natürlich mindestens eine Dusche zur Verfügung) sind völlig ausreichend. Das kostet nicht viel aber ein Mitarbeiter mit einem großen Kaffeefleck direkt vor dem Kundenmeeting wird Dir bis an Dein Lebensende dankbar sein!

4.
Die Pünktlichkeit der Gehaltszahlung ist nicht nur gesetzliche Pflicht, sondern eine Unternehmensreligion!
Auch wenn es Deine Mitarbeiter als Selbstverständlichkeit betrachten – sie müssen sich darauf verlassen können. Versuche niemals Liquidität für einen Zeitraum auf dem Rücken Deiner Mitarbeiter zu generieren, wenn es nicht überlebenswichtig ist.

5.
Eine mehr als ausreichende, sinnvolle Ausstattung des Arbeitsplatzes stimmt den Mitarbeiter permanent wertgeschätzter. Ein tolles Tisch-Telefon, ein größerer und besserer Bildschirm, ein wirklich guter Stuhl, der etwas bessere Kaffee und Tee und die guten Kugelschreiber. Manches kostet Geld aber wenn ein Mitarbeiter seine Performance nur um 10 % steigert, rechne das bitte auf Deine Marge um: Du wirst feststellen, dass diese Investitionen Peanuts sind.

Bitte unbedingt immer wieder bedenken:
Es geht nicht um das Bauchpinseln Deiner Mitarbeiter, sondern um eine Unternehmenskultur. Du und die Mitarbeiter verbringen ein drittel ihres Lebens im Unternehmen. In dieser Zeit willst Du, dass ein gewissen Miteinander und eine klare Verhaltensstrategie eingehalten wird.

Wer dies nicht mitmacht, ist in Deinem Unternehmen falsch! Er respektiert weder das Unternehmen noch die Kollegen noch DICH! Solche Mitarbeiter willst Du nicht in dem drittel Deines Lebens und deine Mitarbeiter wollten diese auch nicht!

Dabei ist es völlig egal, ob es sich um eine Hilfskraft oder einen Bereichsleiter handelt: sortiere sofort aus, wenn zwei Ermahnungen nicht fruchten. Sonst vergiftest Du sofort einen Teil oder das ganze Unternehmen und bekommst das nicht wieder gerade gebogen. Denn dann folgst DU einer Kultur, die ANDERE in Deinem Unternehmen prägen!

Expansion und Planung

Es gibt drei signifikante Stufen des Wachstums. Erstaunlicherweise kann man diese branchenübergreifend an der Zahl der Mitarbeiter festmachen.

Fünf Mitarbeiter überschreiten

Der „ein-Mann-Betrieb-mit-Hilfskräften" muss das erste Mal seine Aufgaben ordnen:
Der Chef muss sich zunehmend um Verkauf, Buchhaltung, Abrechnung, Mahnungen und Reklamationen kümmern. Er fängt an, die Arbeit am Kunden, das Handwerk von morgens bis Abends zu **vermissen**.
Hoffentlich hat er einen guten Steuerberater, der sich mit dem Handwerk oder dem Ladenbetrieb oder dem Dienstleistungsgewerbe auskennt!
Der Chef muss sich einen aus der Mannschaft heranziehen, der ihm viel der Leitungsarbeit abnehmen kann. Das ist ein wichtiger und entscheidender Schritt. Sonst geht das kleine Unternehmen aufgrund nicht geschaffter Aufträge, nicht bearbeiteter Reklamationen und verpatzter Termine vor die Hunde, obwohl das Geschäftskonzept und jeder einzelne Mitarbeiter erstklassig arbeitet. Außer dem Chef eben, der das Unternehmen nicht in die „nächste Klasse" führen kann.
ACHTUNG: ab zehn Mitarbeitern ändert sich das Arbeitsrecht entscheidend! Kündigungsmodi, -fristen und Abfindungsansprüche sind jetzt vollkommen anders.

Zwanzig Mitarbeiter überschreiten

Das Unternehmen hat schon mindestens zwei Bereiche, die klar gegliedert sind. Produktiv und administrativ. Ein Kundenstamm und eine gewisse Dynamik sind vorhanden.
Bei dieser Mitarbeiterzahl sind schon Strukturen vorhanden,

die einzelnen Mitarbeitern abgegrenzte Arbeitsbereiche zuweisen.

Allerdings sind alle Mitarbeiter überlastet und fühlen sich weder personaltechnisch noch planerisch sicher und ordentlich geführt. Das Chaos ist immer klarer erkennbar. Sowohl innerbetrieblich als auch bei Partnern und Kunden. Chaos heißt in jedem Falle Fehler.

In dieser Phase müssen die Führungsaufgaben neu- und ich meine wirklich vollständig und NEU – gegliedert und definiert werden.

Leider sehen es Inhaber solcher Unternehmensgrößen grundsätzlich als unsinnig und überflüssig an. Schließlich haben sie ja alles im Griff und man muss nur hier und da ein wenig kosmetisieren. Und das machst Du auch irgendwann ... irgendwann ... und das Chaos wird immer schlimmer ...

Definiere Funktionen, bewerte die einzelnen Aufwände und erforderlichen Talente und ordne sie den Personen zu. Die Auslastungen dürfen nicht größer als 80% sein, denn die Realität liegt immer drüber und die Entwicklung geht ja schließlich nach oben.

So kann zum Beispiel ein Produktionsleiter oder Projektleiter die klare Definition an sich haben, aber bei Unterforderung gerne noch die eine oder andere Aufgabe zusätzlich übernehmen – aber klar abgegrenzt: Archiv, IT, Einkauf, Personal, Vertrieb, Kontierung (Zuarbeiten der Buchhaltung), Auftragskontrolle, ...

Als Ergebnis ergibt sich eine Struktur, die motiviert und damit bestmöglich ausgestattet den Mitarbeitern, Kunden und Partnern als transparent und sicher erscheint.

Einhundert Mitarbeiter überschreiten

Du bist Geschäftsführer mit bestimmten Zuständigkeiten.
Diese sind auf jeden Fall Finanzen und die unmittelbare Entscheidung über Marketing, Personal, Vertrieb und Produktionsplanung.
Für die Zuständigkeiten hast Du:
Bereichsleiter, wenn Du produkttechnische Bereiche hast
(Produktion, einzelne Produktbereiche, Technik, IT,
Vertrieb, ...)
Abteilungsleiter, wenn Du innerhalb etwaiger Bereiche Leitungen benötigst: Auftragssachbearbeitung, Vertriebsinnendienst, Buchhaltung, Marketing, Produktionsplanung, Produktionsschichten (Schichtführer), Technischer Kundendienst,
Fertigung/Bau, Kreativteams, ...

Diese Struktur hat sich wahrscheinlich bewährt und trotzdem wächst in dem einen oder anderen Bereich die Arbeit der Führungskräfte über die jeweiligen Talente, Qualitäten oder Quantitäten hinaus.
Besonders mittlere Führungskräfte tun sich außerordentlich schwer, deren Ohnmacht oder Unfähigkeit der Erfüllung zuzugeben. Die Fehler häufen sich und die Verantwortungen werden an die Untergebenen weitergegeben.
Erinnerst Du Dich an Dich selbst? Genau das tritt jetzt ein!
Nur: keiner erzählt Dir rechtzeitig davon. Jetzt begreifst Du, dass „die da oben" das immer nicht merken, was im Betrieb vorgeht.
Jetzt musst Du die „Hand am Puls haben". Dein Gespür und Deine Führungsqualität ist jetzt gefragt, Deine Führungskräfte rechtzeitig zu einer Umstrukturierung seines Bereiches zu motivieren.

Vorsicht! Eine einfache, brutale Erweiterung oder Umstrukturierung, die von Dir allein und konsequent kommt, kann leicht den guten Abteilungsleiter abspenstig machen, der ja schließlich aufgrund seiner guten Leistung zu diesem Posten gekommen ist. Wäge gut ab und gehe psychologisch vor!

Es macht sehr viel Sinn, in diesen Phasen einen Außenstehenden zu Rate zu ziehen, der keinen betriebsblinden, verschleierten Blick auf Dein Unternehmen wirft, sondern klar und unbelastet von Historien, Unternehmensverliebtheit und persönlichen Allüren die Bereiche durchforstet und mit seiner Erfahrung einen Vorschlag macht.
Natürlich bist Du der Beste Geschäftsführer aller Zeiten und hast alles im Griff. Aber Du täuscht Dich, glaube mir.

Es ist überhaupt kein Versagenszeichen, jemanden zu Rate zu ziehen. Im Gegenteil. Auch Deine Mitarbeiter werden es als sehr angenehm und respektvoll erachten, wenn sich ein Profi von draußen um deren Probleme kümmert.
Natürlich werden die dem auch nicht die ganze Wahrheit erzählen. Aber wenn der Berater gut ist, wird er dies erkennen und ausloten.

Noch ein grundsätzliches Wort zu Beratern
Wie schon einmal bemerkt, sind Berater ein schwieriges Thema und ein schwieriges Völkchen.
Hast Du ein Reporting- oder ein Finanzproblem, suche Dir erste einmal einen Finanzberater. Diese sind üblicherweise ehemalige Bänker, Steuerberater oder Anwälte. Diese können Deine Planung und Dein Reporting gut mit deren Systemen prüfen.
Das Ergebnis kann Deine Zahlen bestätigen oder korrigieren.
Aber leider können diese Berater keine Rezepte für eine Ver-

änderung erstellen, denn diese sind nicht in irgendwelchen operativen Geschäften zuhause. Das sagen diese Finanzberater auch meistens schon gleich zu Begin.

Es muss dann ein operativer Berater folgen, der auf die Zahlen der vorgenannten aufsetzt. Jetzt weißt Du , ob dieser ein Vertriebsprofi, Marketing-Guru oder Produktionsmeister sein muss. Solche Talente kannst Du gut prüfen und dementsprechend aussuchen.

ACHTUNG:
Es gibt viele Berater, besonders im Bereich Vertrieb, die gerne ein Konzept für einen besonders günstigen Tagessatz ausarbeiten und an der Umsetzung eine Erfolgsprämie verdienen wollen. Lasse die Finger davon!

Es macht vordergründig einen guten Eindruck, weniger verdienen zu wollen und dann an dem Teil Deines Geschäftes zu verdienen, den Du Dir dann ja „on top" leisten kannst. Tatsächlich wäre das auch wirklich sinnvoll – aber:
Diese Berater graben sich dermaßen tief und mit Weisungsbefugnissen und Macht ausgestattet in Dein Unternehmen ein, dass es gute Teams schnell zerstört.

Solche Leute sind immer Fremdkörper und treffen selten auf Gegenliebe und motivierte Änderungswillen der Mitarbeiter. Ich habe so viele Beraterkollegen erlebt, die auf diese Weise am Ende Tagessätze von über € 3.000 erreicht haben, aber auf einer anderen Seite übermäßige Aufwände entstanden, welche die Vereinbarung nicht abdeckten.

Andere wollten prozentual am Betriebsergebnis verdienen, mischten sich in wahrlich JEDE Unternehmensentscheidung ein und tippten auf deren Vertrag, wenn das Ergebnis nicht den gewollten Verdienst zuließ. Es war häufig ein Streit, der in einer „Abfindung" ausging.

Ein ehrlicher Berater macht seine messbare Arbeit und geht wieder. Es gibt viele gute. Das Finden ist das Problem.

Ängste

Über Ängste spricht kaum ein Berater, kein Wirtschaftsprüfer und nur selten ein Freund. Wer Ängste hat ist schwach. Niemand bereitet Dich auf Deine Ängste vor. Keiner wird Dich nach Deinen Ängsten fragen, weil er sie Dir kaum nehmen kann. Du Unternehmer bist ein einsamer Kämpfer und musst mit Deinen Ängsten allein klar kommen.
Du wirst Deine Ängste kaum Deiner Familie erklären, denn dann produzierst Du Ängste bei denen. Denn die Abhängigkeit von Dir wird größer durch den höheren Lebensstandard oder gar Entscheidungen Deines Partners, nicht mehr selbst für seinen Lebensunterhalt zu sorgen.
Bei Freunden wirst Du Dein neues Ansehen auf keinen Fall gefährden oder schmälern, wenn Du denen von Deinen Ängsten berichtest. Sie werden Dich auslachen und belächeln.
Man würde über Dich tratschen „das Weich-Ei, der Angsthase, der ist zu schwach, Unternehmer zu werden" ...

Das ist ein derartiger Unsinn, dass es mich immer wieder ärgert.

Die Ängste sind im wesentlichen:

vor dem Scheitern = Arbeitslosigkeit, Sozialhilfe, Obdachlosigkeit

vor Banken und Finanzpartnern

vor Verlust von Ehepartner und Familie durch Entfremdung

vor Versagen durch eigene Unfähigkeit

Wer meint, dass er keine Ängste hat, lügt. Zugeben wird es

KEINER der neuen Unternehmer. Der alten schon gar nicht. Ich habe in vielen Gesprächen im Freundeskreis und bei meinen Beratertätigkeiten von jedem erfahren, wo seine Ängste sind. Es waren und sind immer die gleichen. Einige Ängste kann man nehmen, indem man sich gegenseitig coached oder unterstützt. Andere nicht.

Beleuchten wir mal einige Ängste näher.

Scheitern mit den nachfolgenden Konsequenzen ist das schlimmste Damoklesschwert, dass über uns schwebt. Das gilt für Angestellte, steigert sich mit der Karriereleiter und gipfelt selbstverständlich beim Unternehmer, solange er sein Scherflein nicht im trockenen hat.
Eines muss jedem Neu-Unternehmer klar sein: Arbeitslosengeld gibt es nach einer Selbstständigkeit („beherrschender Gesellschafter") nicht!
Geht es also schief, bleibt nur die Sozialhilfe und die Suche nach einem Job. Ein neues Unternehmertum gibt es nach Deutschem Recht ja auch nicht (völlig idiotisch ...).
Die Suche nach einem neuen Job gestaltet sich sehr schwierig, denn einen ehemaligen Unternehmer sieht kaum einer gern in seinen Reihen. Hat dieser doch immer Flausen im Kopf, kann sich nicht unterordnen und ist kein Teamplayer. Recht hat er!
Sozialhilfe für einen ehemaligen Unternehmer gestaltet sich ebenfalls nicht einfach, denn es werden Dir grundsätzlich verborgene Millionenschätze unterstellt. Dieses zu entkräften kann locker einmal ein Jahr dauern ... oder mehr ... Rechtsstaat? Vergiss es! Recht kostet auch hier Geld und ist nicht garantiert.
Obdachlosigkeit ist ein Angstgespinst, dass fast alle meiner Gesprächspartner im Hinterkopf hatten. Gehen wir in Ham-

burg durch die Strassen, sehen wir diese organisierten Bettler-Banden alle 100 Meter und – seien wir ehrlich – es gibt uns einen kleinen Stich, solange wir noch in der Kampfesphase sind, oder?

Dies Art der Angst ist nicht hilfreich! Sie blockiert das Chancendenken!
Jetzt hast du die Aufgabe, Dein Unternehmen zu formen oder umzuformen. Das Ziel ist nicht die Sozialhilfe, sondern der Erfolg! Also weg mit solchen Gedanken!

Banken sind inzwischen eine kritisch beäugte Branche mit einem denkbar schlechten Ruf. Gut so! Diese vielfach arroganten Betrüger haben uns jahrzehnte lang miese Produkte verkauft, mit unserem Geld Reichtümer verdient und uns am langen Arm verhungern lassen.
Geld ist Macht? Auch wenn alle Philosophen dieser Welt uns anderes einreden wollen – Geld regiert alles.
Wenn Du aber Geld benötigst, brauchst Du Geldgeber. Dies sind aber nicht nur Banken!
Mache nicht den Fehler und gehe zur Hausbank. Suche Dir einen Finanzier auf Augenhöhe!
Letztlich können Banken weder Dein Unternehmen leiten, es zerstören oder beeinträchtigen. Sie haben nur Geld und fühlen sich daher mächtig. Sie sind es aber nicht.
DU gibst denen Macht oder Du zwingst sie in eine Wettbewerbslage. Also: Angst ist unbegründet. Siehe „Finanzen leicht gemacht".

Von dem **Ehepartner und der Familie** wirst Du Dich entfremden. Keine andere Chance! Daher schon in der Einleitung dieses Buches der dringende Hinweis auf Deine Eigensuggestion zur Gestaltung der Freizeit.

Diese Angst ist berechtigt und in nahezu jeder Unternehmer-
familie ein ernstes Thema.
Nimm´ es ernst!

Das **Versagen** durch die eigene Unfähigkeit ist der Teil
Deiner Talente, die Dir immer fehlen werden. Mal mehr mal
weniger. Daher musst Du jeden Tag lernen. Je mehr Du
lernst, desto weniger Ängste.
Hinzu kommt, dass Unternehmer sich grundsätzlich im Laufe
der Jahre verändern, Ziele aus den Augen verlieren und vor
allem Fähigkeiten verlernen oder schlichtweg ... altern!
Wie oft sehen wir alte Inhaber, die ihren Betrieb nicht mehr
realistisch wahrnehmen, in ihrer eigenen Welt verharren
und ... aber davon bist Du ja noch weit entfernt.

Aber vergiss´ das nie: spiegle Dich an vertrauten Personen.
Sei tolerant zu Dir selbst und gestehe Dir Fehler ein. Dann
geht's ...

Schlusswort

Und plötzlich Unternehmer sein ist ein tolles Gefühl.

In jedem Falle ist der Wunsch, Unternehmer zu sein, emotional. Möglichst viel Geld verdienen zu wollen ist ebenfalls eine emotionale Motivation. Das ist auch alles völlig in Ordnung.

Deswegen steht in diesem Buch so viel über Bauchgefühl, Emotionen, Motivationen, Gefühlen und Gedanken. Alles technische und rationale weißt Du selbst oder kannst Dir Fachleute hinzuziehen.

Für die andere Dinge wollte ich Dir eine Stütze geben.
Ich wünsche Dir viel Glück und einen „guten Bauch",
mein Freund!

Erzähle mir gern unter info@unternehmenscoach.me von Deinen guten Erfahrungen und auch von Deinen Problemen.
Wir finden wir gemeinsam eine Lösung!
Die Domain ist keine Online-Seite, sondern nur eine Domain für Mails.

Inhaltsverzeichnis

Vorwort..3
Das „Früher“...5
Lebensmaxime...5
Lebenserfahrung...9
Bauchgefühl...11
Vertrauen – Misstrauen – Augenhöhe...................12
Live – work – balance...15
„Du Unternehmer“...19
Lebensmaxime...19
Der Machtmensch...19
Der Gewinnmaximierer...................................19
Der Ingenieur...20
Der Zufallstyp..21
Bauchgefühl..22
Vertrauen – Misstrauen – Stärke.........................33
Vertrauen zu Dir selbst..................................33
Vertrauen zu Deinen Mitarbeitern....................34
Vertrauen zu Partnern....................................38
Vertrauen in Kooperationspartner....................40
Es kann nur einen geben!....................................41
Live-Work-Balance...45
Motivation – kein Chaka!.....................................47
Wie wirkt sich Motivation in der Realität aus?.......48
Erfolg...48
Vertrieb..49
Kreativität...51
Der Spaß-Faktor...51
Die Gesundheit..52
Eigenmotivation...53
Mitarbeitermotivation..57
Motivation in der Krise...60
NLP...67
Das Abholen..67
Erkennen der Lüge..69

Körpersprache der anderen............................72
Deine Körpersprache................................73
Sprachliche Zeichen................................77
Networking..79
Networking as it is...............................79
Marketing...80
Finanzfreunde.....................................86
Grundlagen der Finanzen...........................88
Wie generierst Du cash?...........................89
Private Equity....................................89
Beteiligungen.....................................90
Banken..91
Finanzierung durch den Verkäufer..................92
Kaufpreisfeststellung.............................93
Cash flow...96
Vorbereitung für ein MBO.........................101
Finanzen leicht gemacht..........................103
Cashflow...104
Führung..105
Alte Mitarbeiter umstellen.......................105
Mitarbeiter selektieren..........................106
Neue Mitarbeiter einstellen......................107
Aussuchen von Mitarbeitern.......................109
Vertragsgestaltung...............................111
Mitarbeiter loben................................112
Lob mit Geld.....................................114
Entlohnung.......................................117
Mitarbeiter abmahnen und kündigen................118
Stimmung...119
Expansion und Planung............................125
Ängste...131
Schlusswort......................................135

„Es kann nur einen geben!"

„Ich muss mir in ALLEM sicher sein"

„JEDE Kennzahl meiner Firma ist mir klar"

„Ich löse das Unangenehme zuerst„

„Mein Coach ist: ..."

„Meine Leute sind mein Kapital"